東日本大震災

# 命みつめて

## あの日から今、そして未来へ

公明新聞 東日本大震災取材班・編

鳳書院

# あの日を忘れない

▲「みんなのこと、忘れないよ」——。あの日から2年、宮城県名取市閖上(ゆりあげ)では、閖上中学校遺族会や地域の人々が鳩の風船に未来のメッセージをつづり、大空へ飛ばした　２０１３・３・１１

◀それぞれの思いが込められた黄色のハンカチが風にはためく。宮城県山元町の中浜小学校前　２０１４・３・１１

# 流れゆく辛く悲しい時間

大津波に耐え、３年の歳月を生きてきた松
（福島・南相馬市 2014.3.11）

辛《つら》く悲しい時間が刻まれ続けている。犠牲者はいったいどこまで増えるのか。ご遺族の方々のことを思うと胸が張り裂けそうになる。

震災から10日目の20日、宮城県内を歩いた。

亘理《わたり》町では、ＪＲ常磐線の線路がゆがみ、その上に流木やがれき、車が二重三重に積み重なっている惨状に言葉を失ってしまった。

これまでに３５０人余りの死者が確認され、４８０人余りが行方不明となっている山元町では、泥土に埋まっていた遺体を運び出す光景に出くわした。号泣していた婦人は遺族の一人なのだろうか。

地獄のような苦しみを、被災した

午後３時56分、押し寄せる巨大津波が街をのみこんでいく（宮城・名取市 2011.3.11　共同）

人たちだけに背負わせてはならない。３・11を「私の問題」として捉《とら》え、共に悲しみ、同苦し、支え合う「共助」の精神が求められる。

そのためにも、「今、私にできることは何か」を家庭で地域で、職場で学校で語り合っていきたい。節電・節水から物資支援やボランティアまで、さまざまな「私にできること」の具体像が浮かび上がってくるはずだ。

そのささやかな個々の取り組みが、あの大津波をも超える大きなうねりとなって全国に広がっていくとき、再生の確かな構図も見えてくるに違いない。太く固い絆で結ばれたオール・ジャパンの総力結集を急ぎたい。

２０１１・３・23「主張」一部抜粋

津波による鉄筋ビルの倒壊は世界でも類がない。横転した江島共済会館ビル（宮城・女川町 2011.3.27）

がれきの山の中から人々を救出する消防隊（上）
JR 鹿折唐桑駅付近を避難する住民（下）
（ともに宮城・気仙沼市 2011.3.12 東京消防庁提供）

## 想像を絶する風景

震災直後の光景をどう表現すればいいのだろう。さながら地獄絵、さながら修羅場、さながら戦場……。どんな言葉もむなしく聞こえるほどに、想像を絶する風景が東北太平洋岸を覆った。２０１１年3月11日午後2時46分――。この時刻を、この時の光景を、この地に起こったことを私たちは永く記憶にとどめ、次の世代へ語り継いでいかねばならない。次の災害に備えるために、犠牲となった幾万の尊い命に報いるために。

患者、職員 70 人以上が犠牲となった公立志津川病院（宮城・南三陸町 2011.3.23）

▲変わり果て風塵が舞い上がる街並みに人々は茫然としていた（宮城・石巻市 2011.3.18）

◀市街地では火災も発生し、煙が立ち込めた（宮城・気仙沼市 2011.3.11 東京消防庁提供）

# 子どもたちの笑顔を守りたい

多くの被災者が身を寄せた体育館や公民館などの避難所は、家族を失った人や家を流された人たちの深い悲しみに包まれた。そうした中、無言のうちに安らぎと癒やしを届けてくれたのが子どもたちの存在だった。泣く子だろうと、ぐずる子だろうと、未来に生きる小さな命たちがそこにいるだけで、被災者は救われた思いをした。そして、悲しみの只中《ただなか》にありながら、誰もが願った。この子たちの笑顔を守りたい——。

避難所で久しぶりに動物と触れ合い、満面に笑みを浮かべる少女（福島市 2011.5.14）

再会を果たし抱き合う（宮城・気仙沼市 2011.3.19）

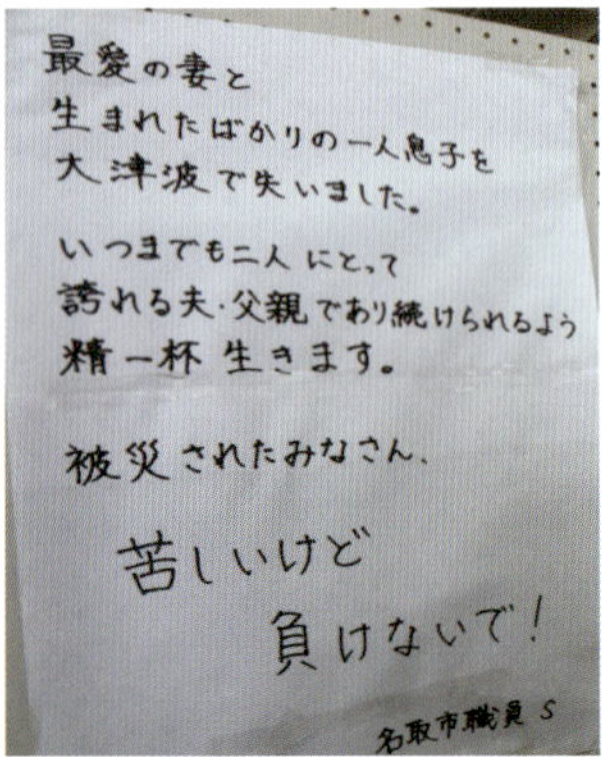


市役所の伝言板に張り出されたメッセージ（宮城・名取市 2011.3.26）

長引く避難所生活、お年寄りの体調を気遣う（岩手・陸前高田市 2011.5.1）

支援物資のカレーライスを頬張る少女たち。その笑顔がまわりにも広がった（宮城・石巻市 2011.4.2）

# がれきの中から立ち上がる

2778万トン。岩手、宮城、福島の被災3県で発生したがれき（災害廃棄物）の推定総量だ。3県で1年間に排出される一般ごみの総量20数年分に相当する。町々はいたるところ、がれきに埋もれ、灰色一色となった。

それでも、東北の人々は諦《あきら》めなかった。「ここは私たちの故郷」「負げでたまっか」とばかりに、一人また一人と立ち上がり、再び希望の絆を結んでいった。そう、がれきを押しのけて誇らしげに咲く一輪のひまわりにも似て――。

「美味しいよ、食べてきな」。はらがま朝市の炊き出し（福島・相馬市 2011.9.3）

がれきが散乱する中、一輪のひまわりが空に向かって咲いていた（宮城・南三陸町 2011.9.3）

東日本大震災の発生から1カ月後、がれきの中に立てた看板に「がんばろう！石巻」と書く
（宮城・石巻市 2011.4.11　毎日新聞社）

高台から故郷に祈りを捧げる
（宮城・名取市 2011.6.11）

全国からボランティアが集い、がれきの処理に
（宮城・仙台市 2011.3.30）

# 東日本大震災の被害状況

## ■死者／1万5889人

## ■行方不明者／2601人

岩手県　死者…4673人
　　　　行方不明者…1132人
宮城県　死者…9538人
　　　　行方不明者…1261人
福島県　死者…1611人
　　　　行方不明者…204人
＊警察庁発表（2014年9月10日現在）

## ■震災関連死／3097人

＊各県の発表まとめ（2014年9月10日現在）

## ■避難者／24万5622人

＊復興庁発表（2014年8月14日現在）

## ■倒壊家屋

**全壊／12万7367戸**
**半壊／27万3335戸**
＊警察庁発表（2014年9月10日現在）

## ■農林水産関係被害状況

漁船／2万8612隻、1822億円
漁港／319漁港、8230億円
養殖施設／738億円
養殖物／597億円
津波により流出・冠水した農地面積
2万3600ヘクタール
農地の損壊／1万8714カ所
4006億円
農作物・家畜／142億円
＊農林水産省発表（2012年6月5日現在）

## ■参加ボランティア

**延べ138万1700人**
＊全国社会福祉協議会発表
（2014年7月31日現在）

## ■警察官派遣

**延べ118万2000人**
＊警察庁発表
（2014年3月11日現在）

## ■消防隊派遣

**延べ12万1071人**
＊消防庁発表（2012年2月14日現在）

## ■自衛隊派遣

**1日の最大派遣数10万7000人**
＊防衛省発表（2011年12月26日現在）

## ■支援表明国

**163カ国・地域**
＊外務省発表
（2012年2月6日現在）

## 「忘れない」「風化に抗《あらが》う」――はじめに にかえて

2011年3月11日、多くの命《いのち》が消えました。慟哭《どうこく》が被災地を包《つつ》み、衝撃が列島を駆け抜けました。

日を待たず、福島では原子力発電所が水素爆発し、何万何十万の福島県民が故郷を追われました。

「東北の地で、否《いな》、この日本で、いったい何が起きているのか」――。公明新聞にただちに特別取材班が編成され、記者たちが次々に現地に入りました。

被災地の様子はテレビの映像で分かっているつもりでしたが、実際に目にした光景は想像を絶するものでした。

まぶたに焼き付いた光景があります。

がれきが散乱する中、自衛隊員や消防団員らが泥土に棒を突き立てながら黙々と遺体の捜索に当たっていました。と突然、甲高《かんだか》い女性の声が響き渡りました。「いやーッ」。

目の前をブルーシートで目隠しされた遺体が運ばれていきました。遺族と思われる女性の叫びは号泣と化し、すすり泣きとなり、やがて沈黙へと変わっていきました。灰色の空には小雪が舞い続けていました。

　がれきに埋まった宮城県南三陸町の志津川病院では、入院していた姉の遺品を探す87歳の老婦人に出会いました。「どこかに流されて、もう死んでしまっているに違いないけど、せめてね……」。そう言って、探し当てた泥だらけの形見のそろばんを固く抱きしめて立ちつくす姿に、心は凍《い》てつき、慰《なぐさ》めの言葉も浮かびませんでした。

　避難所となった体育館で、泥酔した男性がわめき散らしている光景にも出くわしました。町の職員がたしなめると、「皆、死んじまった。酒でも飲まなきゃやってらんねぇ」とその場に泣き崩れました。息が詰まり、無力感が体中を駆け巡りました。

　辛《つら》く悲しい時間はそれからも流れましたが、「3・11」の記憶はその後、緩慢《かんまん》に、しかし確実に人々の脳裏から薄れ、関心が低下していきました。「風化《ふうか》」です。

　私たち取材班は、現場にある記者として、いや、被災地の今を知る一人の人間として、風化に抗《あらが》う使命を痛感しました。そのために、もう一度、〈２０１１年3月11日〉に立ち返り、あの日あの時、被災地を包んだ慟哭に今一度、耳を澄まし、列島を駆け抜けた衝撃をあらためて記憶に刷り込もうと誓い合いました。

　かくして２０１３年9月から長期大型連載『命みつめて』をスタートさせました。「逝《い》った命」、あるいは「生き残った命」の重みを全身で受け止め、その命の軌跡《きせき》を記憶と記録に残しゆく闘いを開始したのでした。

新聞掲載時の『命みつめて』とのタイトルそのままに、副題に「東日本大震災　あの日から今、そして未来へ」と冠した本書は、1年間にわたって続いたこの〝命の記録〟をまとめたものです。再取材し、必要に応じて加筆する一方、新たに二つの書き下ろしも加えました。

一人息子を失ってからの日々。母は何を思い、どう生きてきたのか。

一瞬のうちに妻も息子夫婦も孫も失い、仮設住宅に一人暮《く》らす老人を「じじは負けねぇ」と奮《ふる》い立たせるものは何なのか。

「千年後の命を守るために」と、廃墟《はいきょ》と化した町に〈いのちの石碑〉を建て続ける67人の中学生たちが大人たちに伝えたいこととは。

――取材に応じてくださった方々の魂の気高さと、壮絶なまでの生と死のドラマは、「命とは」「家族とは」と問い掛けながら、私たちに3・11の真実を教え示してくれます。

ともあれ、被災地は復興半《なか》ばにして、被災者の苦悩は続いています。「忘れない」「風化に抗う」――この精神の闘争が今ほど大切な時はありません。本書がその一助となることを、取材班一同、心より願っています。

公明新聞東日本大震災取材班キャップ　峠淳次

# 東日本大震災——命みつめて　あの日から今、そして未来へ……目次

**凡　例**

一、本書は、公明新聞に掲載された記事を収録するとともに、一部、書き下ろしで構成されています。
一、掲載された記事については、文末に掲載日を記しました。
一、所属、肩書、年齢、役職、数字などは、掲載日当時のものです。
一、編集にあたっては、加筆・修正をしました。
一、写真は原則、公明新聞記者が撮影したものです。それ以外の場合は撮影者や提供先を記載しました。

公明新聞　東日本大震災取材班（執筆者・写真撮影者）
峠淳次　加島幸路　牛田順久　川又哲也　遠藤伸幸
比義広太郎　長尾健治　坊野正樹　渡邉勝利
南部光弘　中山英一　田辺伸彦　堀岡伸之　上野慎
柳学均　金子亨　鈴木陸人　倉科宗作　磯田康一
江越雄一　江田聖弘　鈴木俊明　南知成　千葉正人

表紙題字・三浦ひろみ
装幀・デザイン　澤井慶子
編集・企画協力　小此木律子

命みつめて

# I 遺志を継いで

泥の中でみつけた息子の写真

命みつめて①

# 福島・相馬市

## 息子よ〝あの日〟をうらまない使命に生きた人生だから

福島・相馬市
**阿部 洋子さん**

安置所には、消防団の法被《はっぴ》を着たままの無言のわが子がいた。きれいな顔だった。満ち足りた表情だった。成すべきことを成し遂げたとばかりに。母・阿部洋子さん（66）は静かに両手を合わせ、息子・健一さん（当時39）に呼び掛けた。「よく頑張ったな、健……」。涙がどっとあふれた。

目を閉じれば、あの日の光景が脳裏に浮かぶ。声を限りに、必死の形相《ぎょうそう》で叫んでいたわが子。「母ちゃん、逃げろ！　早く行け!!」。まさかそれが最後の言葉になろうとは。消防団員として、どす黒い津波に立ち向かい、〝命の現場〟で壮絶な死を遂げるとは――。

## 消防団員として殉職
## 最後の言葉は「早く行け!!」

２０１１年3月11日午後2時46分。空前絶後の巨大地震が発生した時、阿部洋子さんは福島県相馬市の市街地にいた。激しい揺れに胸騒ぎを覚え、急いで漁港近くの自宅に車を走らせた。

すでに、夫の新太郎さん（72）は軽トラックで避難を始め、息子の健一さんは、消防団の法被《はっぴ》をまとい携帯電話で対応に追われていた。

家の様子を気に掛ける洋子さんの背中越しに怒号が飛んだ。

「早く行け!!」

2度にわたる叫びを最後に、健一さんは住民の避難誘導に向かった。

＊

「きょうもいない」「またきょうも」。行方不明の息子を捜して、避難所と遺体安置所を往復する日々。震災から約2週間後、健一さんの妻・美香さん（43）に団員から一報が。

「健ちゃんが見つかった」

＊

相馬市では４５８人が犠牲となり、消防団員10人が殉職した。うち9人は、市内で最も甚大な被害に見舞われた同市磯部の第9分団所属。副団長の健一さんもその一人だった。

「彼らがいなかったら、さらに多く死者が出ていた。万感胸に迫るものがある」

畏敬《いけい》の念を込め、立谷秀清市長は、全ての市民の思いを代弁する。

## 母の、父の教えは「人のために尽くせ」

愛息と共にあった39年。母が子に伝え、教え、求め続けてきたものは、「人のために尽くせ」、それだけだった。

だから、父の後を継ぎ漁師になった息子が、昔日の父と同様に消防団員となったときは嬉しかった。震災の前年に副分団長に推《お》されたときも、きっぱりと言った。「生半可な気持ちならやんねぇほうがいい」

そのままに生きたわが子ゆえの悲報。それだけに、やるせない思いに駆られることもある。それでも、「健ちゃんが来たから助かった」と何人もの人が声を掛けてくれた。

「立派に自分の責任を果たしたってことだべ、健。母ちゃんの誇りだ。だから、母ちゃんはあの日をうらまねぇ。最後の一瞬まで使命に生きたお前の人生を汚すことになるから。健が生きた海だから」

「恩恵の海でもある、いいところがたくさんある、何より健が好きな海だから」

**立派に自分の責任を果たしたってことだべ**
**健。母ちゃんの誇りだ。**
**だから、母ちゃんはあの日をうらまねぇ。**
**最後の一瞬まで使命に生きたお前の**
**人生を汚すことになるから。**
**健が生きた海だから。**

小学校時代からの顔なじみで、同じ地元団員の蛯原芳一さん（39）は「みんなから健ちゃん、健ちゃんと呼ばれて慕われていた。火事があれば誰よりも早く駆け付ける人だった」と振り返る。

＊

泥の中から見つかったわが子の写真がある。「思い出すから」と見るのを避けてきたが、先日、久しぶりに手に取った。自然と笑みがこぼれた自分に気づいた。「ちょっと前を向けただろうか」

## 孫たちの成長を見届ける「健の分まで生きねぇと」

震災1年の12年3月。一つの感動的な演劇が、日米両国で上演された。相馬市を舞台に、健一さんら発災直後の消防団員や医療現場の人々の姿を描いた『ＨＩＫＯＢＡＥ（ひこばえ）』。

演出を手掛けた塩屋俊映画監督が、避難

所にいた洋子さんに声を掛けたことが縁となった。健一さんが実際に使っていた法被を羽織《はお》る主人公が、避難を呼び掛ける様子も描かれている。ちなみに、「ひこばえ」とは、古木の切り株や根元から生えてくる若芽のこと。再生と新しい息吹を意味している。

「健が海外旅行をプレゼントしてくれたんだ」。13年4月には、夫妻揃《そろ》って米ニューヨークでの再演に招かれた。主人公の勇姿にあの日のわが子を重ね、思いを馳せる洋子さん。「この舞台で人の命の重みが伝わればうれしい」とほほえんだ。

＊

同じ仮設住宅に住む健一さんの長女・彩音さん（16）と次女・穂波さん（14）は最近、ますます息子に似てきた。二人の自慢は「地域のために最後まで力を尽くした父」。洋子さんは自らに言い聞かせる。「孫たちが大きくなるまで生きねどなんね。健の分まで生きねぇと」。母から子へ、そして孫へ。〝命の絆〟はあの日を超えて受け継がれていく。

「あー懐かしいな。これは健の結婚式のときだな」「これは彩音の子どものころだべ」。写真を久しぶりに手に取る洋子さんと新太郎さん。1枚1枚の写真の向こうに浮かぶ在りし日の息子の思い出を振り返り、自然と笑みがこぼれた

健一さんが眠る墓は、海が見える高台にある。がれきの撤去作業で新太郎さんが海に出ていることから、「健、お父ちゃんは海に行っているのに、お前はこんな所にいることねぇべ」と哀惜《あいせき》の念を漏らすことも。

けれど、最後は決まって報告する。「彩音も穂波も成長して頼もしくなったど。みんな頑張ってるからな」

＊

残暑が残る２０１３年８月の25日、殉職消防団員を追悼する顕彰碑除幕式。「阿部健一」の名前が刻まれた顕彰碑の前に、洋子さんは胸を張って立った。「健、ありがと。母ちゃんはもう泣かねぇ。お前に恥じない母ちゃんでいたいから。ずっと見守っててな」。まぶしげにわが子の名前を見ながら、母は、涙に濡れたハンカチをそっとバッグにしまった。

2013・9・14

## 健は海が好き 今も毎日、海を見ている

震災から４度目の夏を迎えた２０１４年８月。洋子さんは、これまでの仮設住宅での生活をしみじみと振り返った。「ここに来て３年以上も世話になってるな」

７月末には、美香さん一家が仮設から車で15分ほどの高台に戸建てを新築。仮住まいを終え、新生活を始めた。〝ご近所さん〟もだんだんと引っ越していく。洋子さんは高台の復興住宅に移る予定。「早く引っ越したいね」と言う洋子さんに、新太郎さんは「避難所から仮設に移るときも一番最後だった。今回も最後に移んのかな」と冗談交じりに笑い飛ばした。

「10分もないけど、私に何でも話してくれる最高の時間」。仮設生活の何よりの楽しみは、穂波さんを毎朝、車で中学校まで送ることだった。

「よく頑張ったな、健」。顕彰碑に刻まれた息子の名前にほほえむ洋子さん（左）と新太郎さん。手前は妻の美香さん

それは孫の成長をそばで見守る大切な、大切なひととき。先日、高校2年生となった彩音さんは、仙台市に買い物に行くと言って、慣れない手つきで化粧をしていた。「どこのお嬢様かと思った。パパが彩音の姿を見たら喜ぶねって話していたんだ」と満面の笑みを浮かべた。

＊

「今でも海をうらむ気持ちはありませんか」。取材のおり、墓前に立った洋子さんに、あらためて尋ねた。

洋子さんは、陽光に輝く海を見渡し、にっこり笑って答えた。「荒れる日もあれば、静かで穏やかな日もある。恩恵の海でもある。いいところがたくさんあるんだ。何よりほら、健が毎日、海を見てるでしょ。やっぱり好きなのよ、この海が」

命みつめて②　宮城・南三陸町

# 最後まで無線で避難を呼び掛けた あなたの意志は 永遠《とこしえ》に輝く

宮城・南三陸《みなみさんりく》町
**三浦 ひろみさん**

赤茶けた鉄骨の前には、祈りを捧げる人々の姿が今も絶えない。その日、一人の女性が晩夏の宮城県南三陸町の防災対策庁舎を見つめていた。三浦ひろみさん（54）。胸元には、清楚な白ゆりと、お日さまのようなひまわりの花束が。

献花台の前で語り掛けた。

「今日は暑かったね。お疲れさま」

三浦さんの夫が最後まで防災無線のマイクを握り続けた南三陸町の防災対策庁舎

東日本大震災の発生直後、南三陸町では、危機管理課の職員、遠藤美希さん（当時24）と三浦毅《たけし》さん（当時51）が防災対策庁舎2階にとどまり、わが身も顧《かえり》みず、防災行政無線で避難を呼び掛け続けていた。

午後3時25分ごろ、大津波は、高さ12メートルの鉄骨3階建ての庁舎屋上までのみ込み、町全体で５４８人の町民が死亡、２１６人が行方不明（２０１４年8月31日現在）となった。

**「お父さんは町役場の職員だから常に町民のことを考えないと」と子どもたちに言ってきた夫。今は二人とも、「父のように」と公務員になった。**

後日、遠藤さんは遺体で発見。三浦さんは、今も見つかっていない。

あの日から3年半――。三浦毅さんの妻、ひろみさんは、庁舎前の献花台に立っていた。

「毅さん、この花が好きだったよね。ひまわりみたいに陽気で、みんなを楽しませてくれてたよね……」

庁舎の2階を仰ぎ、乾杯の仕草をする。缶ビールのプルタブを開けて、花束と一緒に献花台にそっと置いた。

「覚えてる？　10年前、買ってもらったワンピースを着てきたよ。ほんと、嬉しかったんだよ」

## 津波が来るまでの30分 その瞬間まで仁王立ち

ひろみさんと毅さんは、小学1年生からの幼なじみ。45年間、ずっと一緒だった。だから、いなくなったなんて、どうしても

三浦さんは仕事帰り、毎日のように防災対策庁舎に立ち寄り、夫に携帯電話で話しかける。
「毅さん、10年前、買ってもらったワンピースを着てきたよ」

信じられなかった。

「夢であってほしい」——。そんな思いのままに、ひろみさんは「3・11」のその日から、最愛の人の姿を探し求め、来る日も来る日も庁舎に足を運んだ。

やがて1年。親族で話し合った結果、死亡届けを提出することにし、2012年4月15日には葬儀も行《おこな》った。それでも、ひろみさんは、仕事を終えると庁舎に寄り、毅さんの携帯電話を呼び出し、毎日のように話し掛ける。

「久しぶりに息子たちと3人でバーベキューをしたの。毅さんがいたら、10倍楽しかったのに……」

毎月11日、ひろみさんは地震発生の時刻「午後2時46分」から3時半過ぎまでの時間を庁舎の前で過ごす。津波が襲いかかるまでの30分。その瞬間まで、この2階で夫が仁王立ちしていたのだと思うと、その旺盛な正義感と勇気に最大限の賛辞を送りたくなる。誇らしい気持ちにもなる。だが同時に、

二人で撮ったお気に入りの1枚。小学校時代からの幼なじみで、誰もが認める「おしどり夫婦」だった

「足の速い毅さんなら高台に避難できたのに」「どうして逃げなかったの」との悔恨の情も沸き起こる。そして、幾度となく自分や二人の息子に話してくれた言葉が鮮明によみがえる。「高さ30センチ程度の津波でも、大人ですら立ってられないんだぞ。すぐ逃げろよ」。仕事柄、津波の恐怖は嫌と言うほど知り尽くしていたのだった。

## わが町を守るため　他地域の災害現場を視察

決めたことはとことんやり抜くという毅さんの性格は、職務に遺憾なく発揮されてきた。

１９９７年１月２日、福井県三国町沖でロシア船籍タンカー「ナホトカ」号が座礁し、大量の重油が流出した。それをテレビで見た毅さんは「わが町で同じような災害が起きたらどうするか。自分の目で確かめたい」と、ただちに有給休暇を取って、冬の日本海へと車を走らせた。

２０１１年１月１日、南三陸町で高波が発生し、漁船が流された時のこと。親族の新年会の最中、この事故を知った毅さんは宴を切り上げ、「ハマにいくぞ」と言うや、ひろみさんが運転する車で半日かけて、町内すべての漁港の被害状況を見て回った。

東日本大震災発生の２日前には、三陸沖で地震が発生し、津波注意報が出た。この時、同町歌津地区の防災無線にトラブルが発生。毅さんは現場に泊まり込み、矢継ぎ早に手を打っていった。

「世界でも通用するように」と、毅さんは長男には海都《かいと》、次男には琢都《たくと》と名前を付けた。二人には幼い時から、「お父さんは町役場の職員だから、常に町民のことを考えないといけない」「何かあったら家のことは、おまえたちに頼むな」と凛然と言い聞かせてきた。その背中を見て育った子どもたちは「お父さんのようになりたい」と願い、二人とも公務員になった。

その息子たちと酒を酌み交わすのが毅さんの何よりの楽しみだったが、それは、ひろみさんにも同じだった。酒の席から聞こえてくる父子3人の屈託ない笑い声を聞くたび、自らの幸福をかみしめ、家族全員の安穏を願った。

＊

まさか運命を知っていたのだろうか。思い出せば不思議な気がする。震災が起こる数日前の夜、滅多に涙を流さない毅さんが、布団の中で泣きながら、ひろみさんに感謝の言葉を繰り返した。「二人の息子を産んでくれてありがとう」と。

そして、〝運命の日〟の朝。いつものように、ひろみさんは、シャワーを浴びる毅さんのために着替えを用意した。その朝も毅さんは、ひろみさんを笑わせようと「お母さん、この靴下はどっちが右で、左なの?」とおどけて見せた。ひろみさんが、「幼稚園児みたい。どっちでもいいよ。ごめんね。先に会社に行くよ」と言うと毅さんは、「おうっ」と笑顔で見送った。

これが二人の最後の会話となった。

常に町民のことを考えていた毅さん。そんな父を尊敬していた二人の息子も「お父さんのように」と公務員に

## 部下を避難させて一人で放送を続けた

震災からしばらくして、ひろみさんは助かった職員から、毅さんの最後の姿を知らされた。地震が発生するや、夫は「みんな

埼玉県の公立学校で使われている道徳の副読本『心の絆』。避難を呼び掛け続けた三浦さんと遠藤さんのことが「天使の声」として紹介されている

避難しろ」「車で高台に逃げろ」と大声で叫んでフロア中を駆け回ったという。防災無線で避難を呼び掛け続ける毅さんに、同僚が「もういいから屋上に逃げよう」と勧めると、「もう1回だけ、言わせてくれ」と答えたともいう。そして、部下の遠藤さんに避難を促し、一人で放送を続けたとも。

「負けず嫌いで『俺にまかせろ』という性格でしたから、最後まで自分が放送しないと気が済まなかったのでしょう」。ひろみさんは、「自分も本当は、逃げたかったのだと思います」と目を閉じた。最愛の夫は、愛する家族の顔を思い浮かべながら、マイクに向かっていたに違いない。

　ひろみさんは今年の年賀状に、毅さんと4人で撮った家族写真とともに、イギリスの詩人シェリーの『西風に寄せる歌』の一節「冬来たりなば春遠からじ」との一文を添えた。そして、在りし日の夫の想《おも》いが「人生の趣味を持ち明るく楽しく生きること」「人を思いやる優しさが本当の強さであること」「なにより家族を愛すること」だったことを刻印し、「私たちは夫（父）の想いを胸に秘め、春に向かって一歩一歩前に進んでいます」との言葉も重ねた。

＊

夏の陽に照らされる骨組みだけの防災対策庁舎。川向かいではブルドーザーがキャタピラをきしませ、盛り土が日に日に高くなっていく。町は大きく復興へと歩んでいる。

　その光景を尻目にひろみさんは、つぶやく。「毅さんがいた楽しい毎日は、もう帰ってこない」。自然と涙があふれる。その涙を細い指で拭《ぬぐ》いながら、目線の先にくっきりと見える凛々しくも逞しきわが夫の笑顔に呼び掛ける。「毅さん、あなたは最後まで強い人でした。あなたの尊き意志は、永遠《とこしえ》に輝き続けることでしょう」――。

命みつめて③

# 岩手・陸前高田市

# 〝お母さん みんなの命を守る 道をつくって〟

岩手・陸前高田市《りくぜんたかたし》

浅沼《あさぬま》　ミキ子さん

「あぁ……。やっと会えたね」「苦しかったろう?」「寒かったろう?」「怖かったろう?」「みんなのことを心配したんだろう?」「よく頑張ってくれた。偉かったね」――。

2011年3月21日。岩手県陸前高田市《りくぜんたかたし》の遺体安置所で、浅沼ミキ子さん（50）は、シートにくるまれた長男・健《たける》さん（当時25歳）と10日ぶりに再会した。

まぶたの健と約束をした。高台へと続く道にハナミズキを植えて、“命の道”をつくると

市観光物産協会で道案内を行う淺沼さん。「奇跡の一本松」を訪ねる人には「地震が起きたら走って高台へ逃げて」の一言を添える

受け止められない現実。言葉にできない絶望感。あふれ出す涙を拭《ぬぐ》うことも忘れて、淺沼ミキ子さんは、息子・健《たける》さんの泥がついた、冷たい顔を両手で撫《な》で続けた。少しでも暖めてあげたくて。もう一度、目をあけてくれることを信じて——。そんな母の深く優しい慈愛が伝わったのか、わが子の左目から一筋の涙がこぼれ落ちるのを、母は確かに見た。

## 「さすが市職員だね」とねぎらったばかりだった

あの日、市観光物産協会の仕事で市役所にいた淺沼さんは被災直後、騒然とする市街地を抜け、職場へと車を走らせた。ふと、2日前の津波警報（震度5）の際、健さんが「お客さんを車で市民会館に避難させたんだ」と誇らしげだったことを思い出した。5カ月前から市臨時職員としてプールの監視員をしていた健さん。4月からの本採用

## 市民を守ろうとして逝った健たちの無念を無駄にはできない。息子たちの生きた証と遺志を後世に残したい。

を前に淺沼さんも「さすが市職員だね」と、ねぎらいの言葉を掛けたばかりだった。

息子の安否を確かめようと向かった沿岸部に近い市民会館の駐車場では、懸命に高校生を避難させる息子の姿があった。目が合うと健さんは「ご無事で何より！」と右手で敬礼し、笑顔で応えてくれた。まさか、これが愛息《あいそく》との最後の別れになろうとは。淺沼さんは夢にも思わなかった。

＊

「健、まだ帰ってこないの?」

泥だらけの姿で何度も高台の自宅まで訪ねて来てくれる消防団員たち。徐々にその表情が曇り始める。発災から2日。時間が経つにつれ、帰ってくるに違いない、そう信じ続けた母の願いも打ち砕かれていく。

「まさか健が……」

夫と一緒にバイクに乗って雪の降る沿岸部を探し回った。眼前に広がる地獄絵図にも似た光景。「健であってほしくない」と祈るような思いで、数百体の亡骸《なきがら》が並ぶ遺体安置所にも通《かよ》った。顔を確認するたびに絶望と微《かす》かな希望が交差する毎日。そして迎えた再会の日。

「ここにいたぞーっ」

無念にも響き渡る夫の叫び。全身の血の気が引いていく。気がつくと淺沼さんは、静かに横たわる健さんのもとに駆け寄っていた。

＊

「なぜあの時、一緒に高台へ逃げなかったのだろう。なぜ職員の責任感を褒めてしまったのだろう。なぜ私だけが生き残ったのだろう……」

悔やみきれず自分を責め続ける日々。健さんとの思い出が走馬燈《そうまとう》のようによみがえってくる。この年の誕生日には「この日はやっぱり、特に感謝の気持ちが増す日です」と真心のメールをくれた息子。

〝あの日〟の前夜も、家族で仲むつまじく鶏団子鍋を囲んだ。

「俺、明日、朝から仕事なんだよね～」

「そんな顔色でちゃんと監視員なんてできるの？」

「大丈夫だって！」

楽しい団らん。弾ける笑い声。いつまでも当たり前の日常が続くと思っていた。辛《つら》いのは自分だけではない。残された夫や次男、長女も同じ。分かっていても感情の起伏が抑えられない。夜も眠れず過呼吸を繰り返した。

ただただ、会いたくて。

＊

「市民を守ろうとして逝《い》った健たちの無念を無駄にはできない」。そんな思いが芽生えだした時、ハナミズキの花言葉が「返礼」「私の想《おも》いを受けてください」だと知った。そしてある日、夢枕に健さんが。

〈もう泣かないで。楽しかったことを思い出して笑ってほしい。俺らは大好きな高田の街を、ずっとずっと守っていきたいんだ。だから、おかん（母さん）。ハナミズキの木を避難経路に植えて命の道にしてほしい〉

健さんから強く背中を押された気がした。

まもなくボランティア仲間の荒木奏子さん(41)から紹介された児童書の元編集者(作家）に「息子たちの生きた証と遺志を後世に残したい」との思いをぶつけた。心を動かされた編集者のアドバイスを受け、これまでの悲しみや葛藤《かっとう》をひたすらノートに書き記した。こうして息子の魂魄《こんぱく》を刻みゆく物語の執筆が始まった。その名も『ハナミズキのみち』（文・淺沼ミキ子、絵・黒井健、金の星社刊）。健さんを奪った震災から半年が過ぎようとしていた。

## 海や町並みの絵が言葉以上の何かを訴えかける

何度も推敲《すいこう》を重ね、絵本作家の協力のもと今年5月に出版された絵本『ハナミズキのみち』を開くと、震災前の静かな町並みと穏やかな海が広がる。

大すきな町。
大すきなけしき。
……　……
おとうさんと
ながめた
夕ぐれの海が、
金色に
かがやいていたね。

語り口調を25歳ではなく幼少期の健さんへと変えたのは「子どもたち」に津波の恐ろしさや避難の大切さを伝えたかったから。

そして震災の場面。

あのとき……。

この一言しか記されていない。津波や、がれきの絵が言葉以上の何かを訴え掛けてくる。

おかあさん、おねがい。
……　……
津波が来たとき、
みんなが
あんぜんなところへ
にげる目じるしに、
ハナミズキのみちを
つくってね。

絵本『ハナミズキのみち』（金の星社）。長男・健さんと淺沼さんの「悲劇を繰り返したくない」との願いが込められている

色鮮やかな白やピンクの

花々が高台へと続く命の道を包み込む。「この絵本は〝まぶたの健〟と一緒につづった一冊。だから、あの日からの日々を生きて来れました」と振り返る淺沼さん。最後のページには母と子の約束が込められている。

とおくに海が見える
ハナミズキのみちを、
ぼくも
おかあさんといっしょに
歩いているよ。
どこまでも
どこまでも……。

被災した多くの人々に生きる勇気をくれた「奇跡の一本松」

## 「もし地震が起きたら走って高台まで逃げて」

淺沼さんは今年5月、荒木さんら女性6人で「陸前高田ハナミズキのみちの会」を結成。5年後の開通を目標に、賛同を募《つの》る署名活動などを展開している。

高台へ移設された淺沼さんの職場の一角で取材をしていると、観光客の青年が「奇跡の一本松」への道順を聞いてきた。丁寧《ていねい》に説明を終えた淺沼さんは最後にこう言葉を付け加えた。

「本当は海へ近づくことをお勧めしたくないの。もし地震が起きたら走って高台まで逃げて来てください。私からのお願いです」

2013・10・11

命みつめて④

# 宮城・名取市

## 〝お父さん あとは頼んだよ〟 家族の声が力に

宮城・名取《なとり》市
高橋 善夫さん

標高6メートルほどの小さな山の上に、強い潮風が吹いていた。眼前には、雑草の生い茂る更地が、どこまでも広がっている。名取市閖上《ゆりあげ》地区を一望できる日和山《ひよりやま》。「漁師町だからね。隣近所の仲が良くて活気があったんだ」。高橋善夫さん(71)は、かつて暮らした自宅の跡地周辺を見下ろしながらつぶやいた。

仮設住宅の集会所に飾られた「希望」の書と、入居する仲間との写真

**閖上で被災した人々が**
**安住の地に住めるようになるまで**
**寄り添い続ける。**
**それが家族と誓ったことだから。**
**今日も一日、無事に過ごせたよ。**
**ありがとう。**

## 極限の中で訴え続けた「絶対に生き延びよう」

「閖上《ゆりあげ》には、大きな津波は来ない」
幼いころから、耳にしてきた言い伝えだ。しかし、〝あの日〟の揺れは尋常ではなかった。揺れが収まってから家の外に出てみると、沿岸に位置する閖上地区は、ブロック塀が倒れ、あちこちで大きな地割れや地面の液状化が起きていた。

「早く避難しろ」。地元の日和山町内会長だった高橋善夫さんは、妻の京子さん（当時61）が母のまささん（同92）と姉のよし子さん（同70）を車に乗せ、地域の避難所となっている閖上公民館に向かうのを見送った後、近隣に避難を呼び掛けて回った。だが、動こうとしない人も多かった。「津波なんか、たかが知れている、という思い込みが皆にあった。それに、防災無線も作動せず、避難勧告も指示も全く聞こえなかったから」と唇をかむ。

地震から約30分後、自らも公民館に到着。入り口で動けなくなっていた女性を皆と協力して2階に運んでいる最中、ごう音とともに津波が押し寄せてきた。1階は天井まで水没。間一髪で2階に逃れた高橋さんは、町内会長として、同様に難を逃れることができた約50人の住民を不眠不休で励まし続けた。「絶対に生き延びよう」と。

震災から3日後、内陸部の避難所に移ることになった。バスに乗る際、仙台市に住

日和山から眺める故郷の景色は、一変してしまった

んでいて無事だった長男とばったり出会った。「父さんを探しにきたんだ」。その時、はたと思い出した。「家族は無事だろうか」

## 泣きながら過ごした　なぜ自分だけが生き残ったのか

3・11の大津波で閖上は壊滅した。建物という建物は全て破壊され、約800人もの尊い命が失われた。閖上5丁目、6丁目からなる日和山町内会では、200人以上が亡くなった。

高橋さんの家族4人も犠牲となった。高齢の母と姉は、避難した公民館の1階で津波にのまれた。妻は、母と姉を送り届けた後、面倒を見ていた高齢者を避難させようとして車に乗ったまま被災した。次男の豊さん（同31）は、勤務先から、自宅に戻る途中で津波に巻き込まれた。

ずっと一緒にいた家族。魚の行商をしながら、厳しくも愛情を込めて育ててくれた母。その母が見初めた妻とは38年間、一度もケンカをしなかった。姉は生まれつき小児マヒを患い、歩けなかったが、いつも笑顔で周囲を明るくさせた。次男は高校時代、空手で東北チャンピオンになった自慢の息子。2カ月後に、結婚する予定だった。

　大切な人の変わり果てた姿に「何もする気力がなくなった」。避難先の妻の実家で、泣きながら過ごした。酒を飲まずにはいられなかった。なぜ、自分だけが生き残ったのか――。

　ある日、ふと見た文章に目が釘付けになった。

「――生命というやつは、あっけないくらい、かんたんに、失われる場合もある。しかし、どんな悲惨な、むごたらしい災難に出会《でくわ》しても、生きのびる運命をもっている者は、そこからのがれ出られるようだ。その経験が、あたらしく、生きる力となるかならぬか……大切なのは、そのことだろう」
（柴田錬三郎著『江戸っ子侍』）

　この一節にショックを受け、ノートに書き取り、そして自らに問うた。「生かされたお前は、この経験を生かすのか、殺すのか」

## 困っている人を放っておけない　それが妻の生き方だった

　心を吹っ切る契機となったのは、町内会の知人から、「会長のことを皆が心配している」と言われたことだった。避難所を回ってみると、多くの人が再会を喜んでくれた。そして、亡くなった妻の思い出を話してくれた。「奥さんには、本当にお世話になった」と。

　地域の高齢者などの世話役である民生委員を15年務めた妻の京子さんは、困った人を放っておけない性格だった。買い物袋

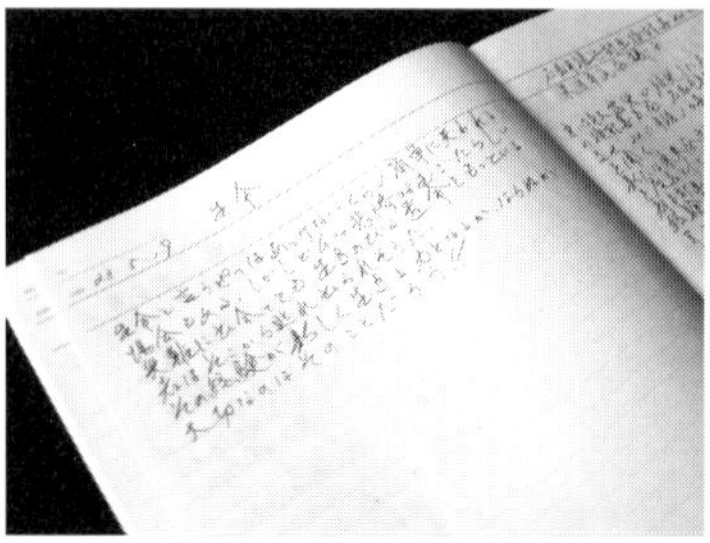

高橋さんがノートに書き留めた言葉

▲仮設住宅内の集会所で開かれたお茶会で住民と懇談する高橋さん

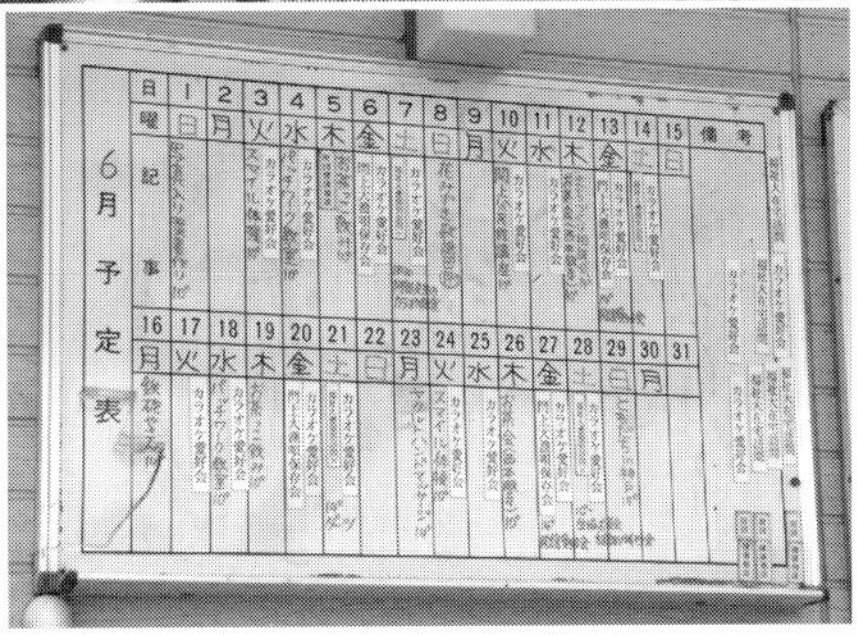


▶心掛けたのは、笑顔の絶えない仮設住宅。集会所にかけられた予定表には楽しい集いが満載

を両手に提げている人を見かけたら、知らない人でも車に乗せて玄関先まで送り届けた。救急車が来ると、夜中でも必ず飛び起きて様子を見に行った。近所の人から、「マリア様のような人」と言われるほど、面倒見が良かった。震災の日、「避難してください！」と叫ぶ妻の声を聞いたという人が何人もいた。

最後まで人々のために尽くした妻。「お父さん、あとは頼んだよ」。そう言われたような気がした。

## 何より心を砕いたのは皆の笑顔を取り戻すこと

連日、避難所を回る中で多くの住民から聞こえてきたのは、「仮設住宅には隣近所の人たちと一緒に入りたい。バラバラになるのはイヤ」との声だった。基本的に、仮設

「今日も無事に過ごせたよ」。４人の遺影に向かい
そっと手を合わせる

住宅は抽選で当選した順に入居が決められ、震災前のコミュニティーは考慮されない。そこで高橋さんは、「これまでの人間関係を維持してほしい」と市長に直談判するなど行政側と粘り強く交渉。その結果、日和山町内会に住んでいた住民は、「美田園《みたぞの》第１応急仮設住宅」に揃って入居することが決定し、震災前の「隣組」が仮設住宅でもそのまま維持されることになった。

震災から３カ月後の２０１１年６月11日、高橋さんは、同仮設住宅に入居。翌７月に、周囲から推されて自治会長に就任した。

「最初は皆、暗い顔をしていた」。笑顔を取り戻そうと、まず自分から笑顔で話し掛けた。「ひきこもり」を防ぐため、回覧板は回さず、連絡事項は全て集会所のボードに書いた。集会所はカギを掛けずに常時開放。住民同士の交流が活発になり、今では、笑顔が絶えない仮設住宅になっている。また、こうした取り組みがマスコミに発信されたことによって、全国各地から数多くのボランティアが訪れ、義援金も寄せられるようになった。この義援金により、同仮設住宅では住民から会費を徴収せずに自治会運営が可能となっている。

集会所のお茶会に参加していた阿部ことのさん(86)はこう話す。「会長は昔、もっとぶすっとした人だったんだけどね。すごく変わった。会長のおかげで、仲良く楽しく過ごせてるよ」

＊

昨年、脳梗塞を患い、入院した。右手に後遺症が出たが、リハビリに励み、２カ月で克服した。「ベッドの上で、家族の顔が浮かんできてね。何としても元気になると、頑張ったんだ」

閖上で被災した人々が、安住の地に住めるようになる日まで、寄り添い続ける。それが家族に誓った使命だと力を込める。

「きょうも一日、無事に過ごせたよ。ありがとう」。４人の遺影が並ぶ仏壇に、高橋さんはそっと手を合わせた。

２０１４・７・11

震災の年の11月、夫婦で『海に沈んだ故郷』を出版

# その死を無駄にしない 生き残った者の使命として

宮城・石巻《いしのまき》市
## 堀込 智之さん

ぬかるんだ道を進むと、赤茶色の煉瓦《れんが》が散らばっていた。辺《あた》り一面、まるで野原だったかのように、索漠《さくばく》として何もない。

「ここが私の家だったところ」。元高校教諭で、波の研究者・堀込智之さん（66）は、砕けた一片の瓦《かわら》を拾って、そっと目を閉じた。込み上げる感情を胸の中に抑え込むかのように。

自宅のあった場所。海に沈んだ集落は今、更地と化す

## 地震の、津波の恐ろしさを二人で記録に残そう

宮城県石巻市長面《ながつら》。東日本大震災の津波で水没した集落である。満潮時には、一帯が今も水浸しになるという。

あの日、津波は長面で暮らしていた人々504人のうち104人の命を奪った。

買い物からの帰り道だった堀込さんは、車中で激しい揺れに襲われる。「津波が来るかもしれない」。妻の光子さん（66）が待つ自宅に急ぎ、共に避難場所へと向かった。

「お寺の駐車場に着いて後ろを振り向くと、田んぼが真っ黒い煙を上げ、渦巻くような波が押し寄せていた」。背後からどう猛に迫る津波に恐怖しながら、足の不自由な光子さんの腕を抱え、山を必死に駆け上がった。そして、眼下に広がる光景に、ただ言葉を失った。

九死に一生を得たその日の晩。余震は続

**亡くなった人も
最後まで生きようと努力したはず。
だからこそ、伝えなくちゃいけない。
生き残った者として。**

き、無情にも降りしきる雪が身にこたえる。打ちひしがれる状況の中で、夫妻はたき火を囲み話し合った。「この体験を必ず記録に残して伝えよう」「あなたは体験談を。僕は津波の記録を書く」

## 伝えるためには目を背けてはいけない

震災から3週間ほどたって、現地調査を始めた智之さん。巻き尺と竿《さお》とデジタルカメラを手に、石巻平野、女川町、雄勝町、そして長面のある北上川河口の各地で、巨大津波の痕跡《こんせき》から水位や威力を徹して調べ、証言を集めた。

「長面海岸の砂防林に津波が当たって高く白波が上がった。（10万本といわれる）松原がなくなった」〈北上川河口北岸〉

「津波の水は海の底水のように、とても冷たかった」〈北上川河口南岸〉

「海面が盛り上がるように上昇して、みるみるうちに眼下の谷が海になった」〈女川町〉

胸が引き裂かれるような惨状を見聞きしても、決して目を背《そむ》けなかった。「波の研究をしてきたのに、全く役立てなかった。亡くなった人も最後まで生きようと努力したはず。だからこそ、伝えなくちゃいけない。生き残った者として」

夫妻は震災の年の11月、『海に沈んだ故郷』（連合出版）とのタイトルで、光子さんが住民から聞き取った体験談と、智之さんが調べ上げた津波の記録を一冊の本にまとめた。その内容をもとに、全国の小学校などで津波の実験教室や講演活動を展開している。そう、生き残った者の使命として――。

震災から１年５カ月後の長面の風景

## 大川小学校の悲劇
## 集落の約4割の人が犠牲に

3・11の津波は、長面より内陸にあり、これまで安全だと思われていた地域をも壊滅させた。

北上川沿いにあり、海岸から4キロ離れている釜谷《かまや》もその一つ。児童・教職員84人が死亡、行方不明となった大川小学校の悲劇が起こった地だ。

「平野に侵入する津波は次第にエネルギーを失うはずなのに、北上川の堤防と前方にせり出した山が波の進路を狭くし、さらに強い流れとなって釜谷を襲った」

その先にある間垣《まがき》（海岸から5キロ）の集落では、川をさかのぼった津波で堤防が決壊し、水が流れ込んだ。「地形や構造物によって津波の振る舞いは大きく違ってくる。釜谷と間垣では、集落全体の約4割もの人たちが亡くなってしまった」

死者・行方不明者の割合は、河口周辺よりも海岸から離れた集落の方が高かった。津波から命を守る唯一の方法は、早く、高く安全なところへ逃げることだ――。3・11で最も教訓にすべきことだと思っている。

＊

震災から2年10カ月を迎えた今でも、夫

今も震災の遺構が残る大川小学校。子どもたちが絵を描いたコンクリートの壁も、津波に打ち砕かれた

妻の悲しみは癒えていない。

「近所に住んでいた人たちと話す時には、家族のことを話題にできない」。知人や友人の顔が浮かんだのか、智之さんの目に、うっすらと涙がにじんだ。

元小学校教諭だった光子さん。「教え子の誰が亡くなったのか知るのが怖くて、安否は調べていないんです」。穏やかで優しい物腰で話す夫妻の表情に、心の痛みがくっきりと浮かび上がった。

## 悲しみを繰り返さないために　教訓を次代へ未来へ

講演活動を通し、智之さんは手応えとともに、〝大きな壁〟も感じている。「東日本大震災の津波のメカニズムは理解してもらえる。でも、自分たちが住んでいる地域を津波が襲うことまでは、なかなかイメージしてもらえない。それがね……」

そこで現在、設置をめざしているのが

「津波防災センター」（仮称）だ。モデルは、1995年1月17日に発生した阪神・淡路大震災の後に建てられた「人と防災未来センター」（神戸市）。「1・17」の歴史を追体験できる同施設は今や日本中、世界中から多くの人が訪れ、地震防災に役立てられている。

津波の教訓を伝えようと、各地で自前の津波発生装置を使い実験教室を開く

「ならば今度は、津波の凄まじさを学び、〝わが地域〟を襲う津波の様子まで伝えられる施設を石巻につくりたい。特に、釜谷の高台からなら、北上川や大川小学校を一望できる。ここで起きたことを全国、全世界に伝えて今後に生かしてもらうんだ」

〝構想〟の具体化も着々と進む。館内では実験装置で大津波を再現し、リアス式海岸や平野など地形によって変化する〝津波の振る舞い〟を細かく解説。3Dプリンターで〝わが地域〟の模型を作り、津波が襲来するシミュレーションを行い、これまで見逃されてきた危険箇所や安全な避難場所を探してもらう。被災者の証言コーナーも設け、あの日の体験や記憶を語り継いでいく――。

「3・11の被災を決して繰り返さないために。そして、家族や親類を失った人たちの心を少しでも軽くできるように」と。

夫妻の思いは同じだ。

「それが、亡くなった人たちの命が決して無駄ではなかったということに、つながるはずだから」

2014・1・11

## 人間の復興へ 私たちの一歩 宮城発

# 馬の力で 人と地域を元気に！

東松島市
一般社団法人 美馬森《みまもり》Ｊａｐａｎ
理事長 八丸《はちまる》 由紀子さん

うっそうとした森の中に一本の小道ができていた。「人と馬が一緒に歩ける散策道を造っているんです」と話すのは、一般社団法人「美馬森《みまもり》Ｊａｐａｎ」の八丸由紀子理事長（43）だ。

宮城県東松島市野蒜《のびる》地区の市有林。ここでは、津波で家を失った被災者のための宅地造成工事と併せて、人と馬が触れ合う「美馬森」をつくるプロジェクトが進められている。

企画した八丸さんは、夫の健《けん》さん（42）とともに岩手県盛岡市で10年間、牧場を経営。馬の生産や育成、乗馬体験サービスのほか、地域活性化へ馬車を市街地で走らせたり、心の病を抱えた人を癒《い》やすホースセラピー（乗馬療法）にも取り組んできた。「馬には人を元気にする力がある」と。

馬の魅力を復興に生かしたいと語る八丸さん

震災後、被災地支援を行う中で、東松島市とのつながりができた。八丸さんは「復興の一助になりたい」と、かねてから構想してきた美馬森プロジェクトを市に提案し、復興事業の一つに採用された。

同プロジェクトでは、地域住民を雇用して林道や広場を整備し、伐採した木は、馬を使った「馬搬《ばはん》」と呼ばれる方法で搬出。重機は使わずに森づくりを進める。八丸さんは今後、自《みずか》らの牧場も現地に移転する予定で、馬と触れ合う体験型観光や環境教育、ホースセラピー、間伐材を使った集合住宅の建設などの事業を行う計画だ。「馬と森を生かし、訪れた人たちの心が豊かになる地域づくりを進めたい」と、八丸さんは瞳を輝かせる。

２０１３・10・10

# 輝く「仙台いちご」を再び

亘理町《わたり》

鈴木 知行さん

イチゴの下葉取り作業に励む鈴木さん（手前）

「仙台いちご」の産地として知られる宮城県亘理《わたり》町。あの日の津波で荒れ地と化したその一角で、青年は節《ふし》くれだった大きな手をぎゅっと握りしめた。精悍《せいかん》なひげ面の奥に光る目には、イチゴ作りに対する強い意志と情熱が秘められている。

3・11のあの時、鈴木知行さん（32）は就農3年目。消防団員として住民の救助に当たっている時に、津波に襲われた。乗っていたポンプ車が流される寸前、凍てつく濁流に飛び込み、民家に泳ぎ着いて九死に一生を得た。

海岸から2キロの自宅は全壊。ビニールハウスはなぎ倒され、農器具も全て失った。イチゴ作りの夢は諦《あきら》めるしかないのか。そんな時、見知らぬ一人の壮年が鈴木さんに声を掛けた。「若いやつがイチゴ作んないと始まんねえぞ」

男性の名は、森栄吉《ひでよし》さん（59）。町内で長年イチゴ農園を経営してきたベテランだ。森さんもまた自宅やハウスが流され、かけがえのない友をも失った。苦しみの真《ま》っ只中《ただなか》にある森さんの言葉が鈴木さんの心に染みた。「そうだ、負けてらんね！」

森さんは、国の復興事業で造成され、イチゴ農家ら104戸が参加する「いちご団地」の管理組合長に就任、地域の信頼は厚い。そんな森さんの信念は「若い世代に光を当てる」こと。それが亘理の未来を切り開くと信じているだけに、鈴木さんの成長を祈ってやまない。

鈴木さんが「いつか、自分の子どもがやりたいといえるイチゴ農家になる」と夢見て、「まずはこの5年で、納得できるイチゴを絶対に作ってみせる」と力を込めれば、「知行君なら必ずできるよ」と森さんは励ます。

故郷・亘理でイチゴ王国を蘇《よみがえ》らせてみせる――。世代を超えて志を同じくする二人の〝土に生きる男〟が、赤い宝石のように輝くイチゴを前に顔をほころばせる日は遠くない。

2013・1・1

# 被災地に来て、見て、学んでほしい

南三陸《みなみさんりく》町
南三陸ホテル観洋
女将 **阿部 憲子さん**

「いってらっしゃい！」。丁寧《ていねい》に頭を下げながら、バスに乗り込む人たちを見送るのは、宮城県南三陸《みなみさんりく》町の志津川湾を望む高台に立つ「南三陸ホテル観洋」女将の阿部憲子さん。同ホテルが2012年1月末から本格的に運行をスタートさせている「震災を風化させないための語り部バス」を見守る。

「復興が進めば被災地の光景は変わり、人々の記憶も薄れていく。だからこそ現場を見てもらい、被災者の声を届けることで震災の教訓を後世に伝えたい」。バスは阿部さんの思いを乗せて、骨組みだけの防災対策庁舎などを1時間かけて回る。同乗して被災当時の凄惨《せいさん》な様子や震災の教訓を懸命に話す「語り部」は、全員、ホテルのスタッフたちだ。

東北の被災地を修学旅行などで訪れる学校が増えつつある。そうした中、「今の被災地は千年に一度の防災・減災学習の場。若い人たちにこそ直接来て、見て、学んでほしい」と修学旅行生の受け入れにも力を注ぐ。

13年10月、同ホテルを訪れた埼玉県内の修学旅行生たちには、こう語りかけた。

修学旅行生に震災を語る

「未来の大切な命を守るために、この地で学んだことを皆さんの子どもや孫にも伝え残してほしい」。生徒会長の男子生徒が、被災地だからこその話を聞き、経験ができた感謝を述べると、賛同の拍手が会場を包んだ。

阿部さんは13年秋、震災の影響で市街地から移転した町内の商店を応援すべく、飲食店や商店、宿泊施設など約70店舗を紹介した「南三陸てん店まっぷ」も作成した。「南三陸の地が大好きだから」と語るその目は、真っ直ぐ未来を見つめている。

ルポ

# 世界の三陸復活へ
## 来たれ！ 若き後継者たち
### 石巻《いしのまき》市「牡鹿《おしか》漁師学校」に同行して

稚貝が付いたロープを等間隔に結び付ける

東日本大震災で甚大な被害を受けた宮城県の牡鹿《おしか》半島。浜の未来を担う後継者を育てようと、8月21日から2泊3日で「牡鹿漁師学校」が開かれた。再起をかける海の男と、若人たちの姿を追った。

「巻いてけろ！」。真っ黒に日焼けした海の男が船上で指示を出すと、モーターがうなりを上げた。ロープにつながった養殖中のカキの塊が大量の水をしたたらせながら海面に姿を見せる。皆、呆気《あっけ》に取られ、ただ見つめるのみ。海の恵みに圧倒された瞬間だった——。

漁師学校の舞台となった宮城県石巻《いしのまき》市の桃浦《もものうら》地区は、三陸海岸の南端で、太平洋に突き出た牡鹿半島の根元に位置する。三陸沖は世界三大漁場の一つとして知られており、桃浦も漁業で栄えた歴史を持つ。かつては遠洋漁業が盛んだったが、漁獲制限が始まった1970年代以降は主力をカキの養殖に転換。しかし、高齢化と後継者不足で、最盛期には87世帯あった人口は年々減少し、震災前には62世帯にまで落ち込んでいた。

**▼津波で**

追い打ちをかけたのが3・11の大津波だった。海岸沿いに集中していた家々は流され、6人が亡くなった。現在、わずか5世帯13人が住むのみ。多くが石巻市街などへ移住し、残るのはほとんどが高齢者だ。

桃浦で生まれ育った甲谷《こうや》強さん（84）もその一人。「人が住まなければ復興はない」と危機感を強める。特に深刻なのは若者不足。地区内にある荻浜小学校は、震災前に21人いた児童が今は4人に。来春、3人の6年生が卒業した後は、休校が決まっている。

浜離れの加速が懸念される中、桃浦への移住者を見つけるための一手が「牡鹿漁師学校」だった。甲谷さんが実行委員長となり、筑波大学の貝島桃代准教授の研究室が事務局としてサポート。所属する院生らがスタッフを務めた。

受講者は、19歳の大学生を筆頭に、働き盛りの若者ら男女15人。宮城をはじめ、遠くは沖縄からも集った。皆、海への興味やあこがれを持つ。

**▼海で**

午前7時。大徳丸や興伸丸など5隻の船がエンジン音を響かせ、波しぶきを上げて沖へ向かう。緊張した参加者の顔を潮風が包む。授業のメーンは漁業体験だ。若者たちが、漁師の手ほどきを受けた。

カキ養殖の体験では、海の男たちが「全工程で一番大変」と漏らす「本垂下《ほんすいか》」と呼ばれる作業に汗を流した。成長の邪魔となる貝の付着を防ぐために縄でグルグル巻きにしたカキの稚貝を一度海から引き上げ、水深の深い沖に移動して、ほどいてつるす作業だ。

最初はおっかなびっくりだった参加者。しかし、カッパや長靴が泥だらけになるにしたがい、手つきが慣れてくる。

**期待の声**

## 人材育成へ教育改革が不可欠

石巻魚市場代表取締役社長 **須能邦雄**さん

牡鹿漁師学校の試みは、漁師育成のきっかけづくりとして刺激的で有意義な取り組みだ。若者が来て、地域も活性化したのではないか。

そもそも、日本には46もの水産高校があるが、漁業の担い手育成という役割を十分に果たしているとは言い難《がた》い。〝生きた水産学〟の再構築へ、教育改革が必要だ。

例えば、カリキュラムに弾力を持たせてはどうか。現場での体験を重視し、自然産業の魅力を実感してもらい、知的好奇心を高めて再び座学に戻るという方法がある。出前授業やインターンシップなど、現地で働く人を授業に活用し、子どもたちが夢を持てるようにする努力も欠かせない。

一方、現役漁師らの意識改革が問われているのも確か。後継者不足など、震災であらためて浮き彫りになった問題に、現場で働く人たちが積極的に関わっていく姿勢が求められる。

その意味でも今回の漁師学校に学ぶ点は多い。これを一つの足掛かりに、各地で〝実験〟が始まることを願っている。

黙々と作業を続けていると、「若いから吸収が早いねぇ」と顔をほころばせた漁師の声が飛んだ。

参加者は、刺し網漁にも挑戦。目の細かい網を海に沈めて魚やカニをからめ捕る漁法だ。夕方に仕掛けて一晩置く。

翌朝――。「入ってる!」。船上のメンバーが歓声を上げた。メバル、アイナメ、ウマヅラハギ、カワハギ。海の幸が続々と水揚げされた。「こりゃ、良いメバルだ」と〝先生役〟の漁師も満面の笑み。神奈川から参加した安達健太郎さんは「体力が必要だけど、海の仕事って魅力的」と声を弾ませた。

## ▼教室で

昼には、朝捕れた魚を全員で調理した。桃浦に唯一残る民宿の板前に手ほどきを受けながら、魚を三枚におろす。「包丁をもう少し真っ直ぐ」。初めて魚をさばく若者が教えを受けながら包丁に力を込めると、時間はかかりながらも刺し身が完成した。自らが収穫・調理した新鮮な魚を口に放り込む格別なひととき。「アイナメはコリコリ」「タナゴは軟らかい」と感想を言い合いながら舌鼓を打った。

板前から教えを受け、刺し網漁で捕れた魚をさばく

漁師学校では、甲谷さんによる「浜の四季の暮らし」や、三重大学の勝川俊雄准教授による「日本の漁業」など、力の入った授業も展開。皆、熱心にノートを取りながら耳を傾ける。漁師の一人が、命に危険が及ぶ大自然の厳しさをありのままに伝えると、参加者の表情が引き締まった。

## ▼そして…

待ちわびた瞬間だった。3日間の授業が終わり、送別会のひととき。

「浜に弟子入りしたい」

東京から参加した太田秀浩さんが真剣な表情で甲谷さんに申し出た。「やってみっか」と、嬉しさを内に秘めつつ淡々と返す甲谷さん。「住むとこは何とかすっから」と続けた。

大成功を収めた漁師学校に甲谷さんは、「浜再生と震災復興の種をまけた。2回、3回と続けて本格的な学校をつくっていけたら」と故郷・桃浦の将来を見据えていた。

2013・9・4

＊＊＊

《追記》取材から1年。漁師学校〝1期生〟の太田さんは桃浦に移り住み、カキ漁師の見習いとして人生の再スタートを切った。2014年4月には第2回の漁師学校が開かれ、3人の参加者が桃浦への移住を希望している。甲谷さんは、3人の住まい確保に奔走する毎日。希望を信じ、まき続けた種が芽を出しつつある。さあ、浜に活気が戻ってきた。

# 問い続けるフクシマ

「あの日」から3年を迎えた福島県の浪江町。

美しい朝焼けの光景――。

かつてはここに人々のにぎやかな声がこだましていたが、今はほとんど、ひと気がない。

「無人の町」を防犯カメラが監視する
2014・3・11

福島県南相馬市の商店街。立ち入りが制限され、店はシャッターが下ろされたままだ　2014・3・11

# 3・11を超える「新たな東北の創生」

東日本大震災から11カ月。あの日からの歳月は私たちに何をもたらし、日本社会をどう変えたのか。

北は北海道から南は九州・沖縄まで、避難者は今なお全国に34万人を数える。うち26万人余りが、厳しい寒空の下、岩手、宮城、福島の東北3県で仮設住宅などでの暮らしを余儀なくされている。地震と津波と原発事故が重なった複合災害のすさまじさをあらためて思わないわけにはいかない。

復興事業が本格化する前に確認しておきたいことがある。何をもって「復興」とするかという点だ。

雑草が生い茂る双葉町商店街の入り口。「原子力　明るい未来のエネルギー」の文字が痛々しい　2012・9・6

我々がめざす「復興」は、3・10に現状を戻すことではない。3・11を超える「新たな東北の創生《そうせい》」との意味を込めている。「人間の復興」とも「創造的復興」とも呼んできたゆえんである。

震災は、それ以前から日本社会に重くのしかかっていた問題を東北3県に集約する形で現前させた。若年層を中心とした3県の劇的な人口流出は、人口減少社会に突入した日本の近未来の姿と重なるし、原発事故で先鋭化したエネルギー危機も今に始まった課題ではない。地球温暖化問題の一環として問われ続けながら先送りしてきただけだ。

「復興」が3・11を超えるものでなければならない理由がここにある。東北再生への挑戦は、そのまま日本再生に向けた大きな一歩であること自覚したい。

2012・2・11「主張」一部抜粋

全町避難が続く双葉町。崩れた家が道路をふさぐ（2013.8.11）

## 時間が止まったままの故郷

久々に大熊町のわが家に一時帰宅した。途中、JR常磐線の富岡駅に立ち寄った。散乱するがれき、真っ赤にさびついたレール、ひと気のない駅舎……。ここばかりは今も時間が止まっている。不覚にも涙がこぼれた。懐かしいわが家は第1原発から4キロほど。真っ白いカビに覆われた座布団と小さな綿棒のようなキノコが生えているカーペット……。天井には大きなシミができていた。「これが20年間にわたって暮らしてきたわが家か」（公明党大熊町議・伊藤昌夫氏の手記から）

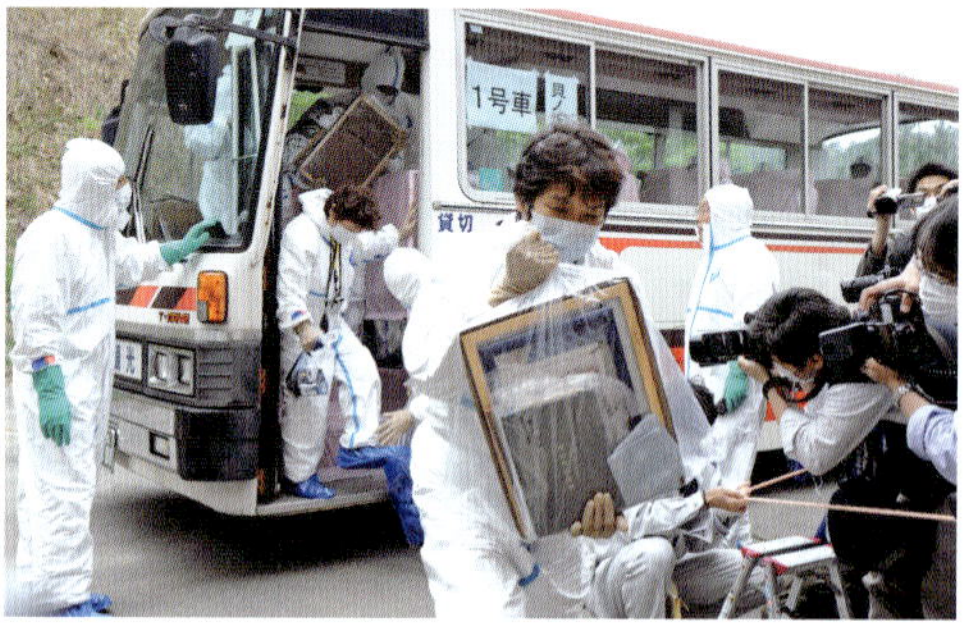


警戒区域に指定された9市町村で初めて、川内村の住民が防護服・線量計をつけて一時帰宅をする（川内村体育センター 2011.5.10）

楢葉町から富岡町へ抜ける国道6号では、一時帰宅や除染作業などで警戒区域に入る車両が検問を受けていた（2013.3.11）

水素爆発によって建屋が吹き飛んだ東京電力福島第１原発の３号機に放水する陸上自衛隊の放水車
（2011.3.18　陸上自衛隊中央特殊武器防護隊提供　時事）

▲福島第１原発事故を伝える新聞を食い入るように
読む避難者（宮城・仙台市2011.3.13）

▼伊達市内の宅地を除染する
（2013.2.28）

# 大好きな故郷の再生を誓う

●帰るその日を強く信じて
## 大熊町の剛毅な男たち「じじい部隊」

福島第1原発が立地し「無人の町」となった大熊町。しかし、大川原地区（居住制限区域）では、この地に帰る日を信じて町民の留守を守る「じじい部隊」がいる。震災から4年目の夏も「一時帰宅した町民ががっかりしないようにすっぞ！」と、草刈りに汗を流した。

●全国きずなキャラバンで元気を届けたい！
## スパリゾートハワイアンズ フラガール

かつて廃れゆく炭鉱のまち・いわきを観光地に再興させたフラガールたちが、2011年5月「全国キャラバン」を46年ぶりに復活。震災で傷ついた日本中の人たちに元気を届けたいと“負けじ魂”の舞を披露。

● “希望の春”は きっと来る！

## 相馬市・柚木《ゆぬき》仮設住宅の人々

震災後初めての新春を仮設住宅で迎える人々。大好きな故郷の一日も早い復興へ心を一つに出発する。「負げでらんねぇ、新しい相馬は私たちがつくる」と記念のカメラに。

● 故郷を思い踏ん張る

## 埼玉県加須市の避難所で暮らす双葉町の人々

双葉町は原発事故によって全町避難に。全国で最後の避難所となった加須市の旧県立騎西（きさい）高校に身を寄せる人たち。震災から２度目の夏も、「絆」を合言葉に踏ん張る。避難所は2013年12月に閉鎖。

● 二本松市を拠点に浪江の復活めざす

## まちづくりNPO新町なみえ

全町避難が続く浪江町。離散した町民の心の支えになっているのが「新町なみえ」。二本松市で開かれる「十日市祭」は故郷を感じる場、大勢の町民が集う。「次の世代は浪江に戻れるかもしれない、生き残った私たちが未来の責任を果たしたい」と町民は絆を強める。

# 故郷を離れて 3.11以後のフクシマ

## ■福島県の避難者数

＊福島県発表（2014年9月22日現在）

**約12万7000人**

（県内約8万人、県外約4万7000人）

避難者全体の約52％を福島県が占める

## ■福島県の震災関連死

＊福島県発表（2014年9月10日現在）

**約1700人**

ちなみに岩手県450人、宮城県890人（各県発表）。被災3県の半数以上を福島県が占める。

福島県では震災関連死が、津波や建物倒壊などによる直接死者数を上回った。原発事故などの影響で、将来の見通しが立たず、ストレスが増していることが要因とみられる。

| 位置 | 市町村 | 宅地（％） | 農地（％） |
|---|---|---|---|
| 1 | 田村市 | 100 | 100 |
| 2 | 楢葉町 | 100 | 100 |
| 3 | 川内村 | 100 | 100 |
| 4 | 南相馬市 | 2 | 1 |
| 5 | 飯舘村 | 13 | 5 |
| 6 | 川俣町 | 66 | 12 |
| 7 | 葛尾村 | 100 | 1 |
| 8 | 浪江町 | 3 | 4 |
| 9 | 大熊町 | 100 | 100 |
| 10 | 富岡町 | 2 | 0.3 |
| 11 | 双葉町 | 準備中 | |

除染特別地域

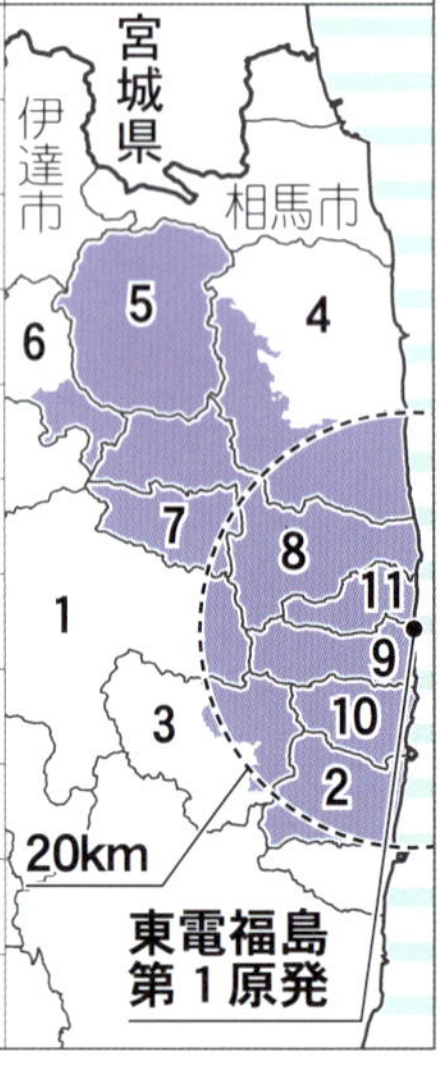


## 原発事故で故郷を追われて

**2011年**

3.11　第1原発1～3号機が自動停止
　半径3キロ圏内の住民に避難指示

3.12　第1原発1号機で水素爆発（のちに3、4号機でも）。避難指示を半径20キロ圏内に拡大

3.15　半径20～30キロ圏内にも自主避難を要請

4.12　原発事故が、INES（国際原子力・放射線事象評価尺度）で最悪のレベル7に認定

4.22　半径20キロ圏内を「警戒区域」に指定。20キロ圏外でも「計画的避難区域」と「緊急時避難準備区域」に指定

5.10　警戒区域に指定された9市町村で初めて、川内村の住民が防護服で一時帰宅

5.15　飯舘村と川俣町の住民が計画避難

8.26　第1原発から半径3キロ圏内の双葉町、大熊町の住民が初の一時帰宅

11.11　除染方針を決定。年間1ミリシーベルト以上の地域を除染

## ■国直轄除染の進捗率　左図

＊環境省発表（2014年7月31日現在）

故郷への帰還や生活再建の大前提となる「除染」が計画通りに進んでいない。特に遅れが目立つのが、国による直轄除染が行われている「除染特別地域」だ。中間貯蔵施設の建設計画や、仮置き場の確保が難航するなど、当初の予定（2013年度完了）を大幅に遅れている。

# 命みつめて

## Ⅱ 寄り添って　支え合って

命みつめて⑥

# 岩手・大槌町

子どもたちが夢見る心を見守り、育みたい

## 被災児童に寄り添って
## ここは君たちの〝わが家〟

岩手・大槌《おおつち》町
**吉山 周作さん**

大津波によって町の大半が壊滅した岩手県の大槌町。その高台に、被災した児童の〝たまり場〟となっている「子ども夢ハウスおおつち」がある。にぎやかな子どもたちを見守る吉山周作さん（28）の笑顔が輝いた。

なごり雪が淡《あわ》く輝く震災4年目の年の3月14日午後3時すぎ、勢いよく玄関の戸が開くと同時にランドセルが宙を舞った。

「おかえり！　帰ってきたら何て言うんだ？」

「ただいまー！」

元気な小学1年生の男の子が叫びながらドタバタと部屋中を走り回る。次々と集まってくる児童たちのはじけた笑い声が響く。

「遊ぶのは宿題が終わってからだぞ」。こう呼び掛け、ランドセルを拾おうとする吉山周作さんの両肩に、別の少年が飛び乗ってきた。

「この子はお父さんを津波で失ったんです。幼い頃、よく肩車をしてもらっていたみたいで……」

切なくも温かな表情を浮かべる吉山さんは、少年の〝わがまま〟を優しく受け入れた。まるで今は亡き父親のように——。

## 被災した子どもたちを一人ぼっちにしない

大槌町の沿岸部の集落は、雑草が生い茂り、もはや跡形もない。〝あの日〟から崩落したままの堤防が、今もなお心に深い傷を抱える子どもたちと重なる。

そんな同町安渡《あんど》地区の高台に残る民家を借り、山口市の社会福祉法人・夢のみずうみ村（藤原茂理事長）が「子ども夢ハウスおおつち」を開設したのは昨年4月11日。開所時間に決まりはなく、親や住民も出入り

子どもたちにとって、時に兄であり、父でもある吉山さん。「一緒になって楽しさや喜びを感じられれば」

自由だ。

来たい時に来て、帰りたい時に帰る子どもたち。宿題をしたり、ゲームをしたり、料理をしたり。冷蔵庫の食材も好きに食べることができる夢ハウスは、さながら震災前の〃わが家〃にも似た温もりに満ちている。

「家や家族、友だちを奪われた被災地の子どもの中には、仮設暮らしで引きこもりになったり、孤独に耐えられず精神的に病んでしまう子が多くいるんです」と、同法人職員で夢ハウスの管理者を務める吉山さんは、被災児童を取り巻く現実を直視する。

事実、復興庁の調査によると震災後の体調悪化や過労などの間接的な原因による震災関連死の死者数は、1都9県で3089人（2014年3月31日現在）に上る。このうち20歳以下は5人。「納棺師としてボランティアに携わる女性から、被災児童の中に自ら命を絶つ子がいる現実を教わったことが夢ハウスを立ち上げるきっかけになった」（藤原理事長）という。

「この町で暮らす子どもたちには、そうさせたくない。震災を経験したからこそ、豊かな優しさを持つ人間に成長してほしい。そう願い、懸命に寄り添い続けた1年間でした」。吉山さんは、これまでの来し方を振り返った。


**心の奥底にある傷を楽しい思い出で埋めてあげたいんです。この子らが大人になった時に夢ハウスが〃心の宝〃になっていれば。**

## 大津波の映像が忘れられず役に立ちたいと被災地へ

熊本県出身の吉山さん。看護系の仕事に就く親類の影響で高校卒業後、専門学校に進学。作業療法士の資格を取り、同県内の

「夢ハウスをわが家だと思って過ごしてほしい」と語る吉山さん

リハビリの専門病院で4年間、医学的な知識を身につけた。

震災直後の2011年4月からは半年間、カンボジアやインドで日本とは環境の異なる看護や教育の実態を学んだ。だが、あの大津波の映像が忘れられず、帰国後の11年11月から岩手県陸前高田《りくぜんたかた》市や大船渡《おおふなと》市などの沿岸被災地でボランティア活動に汗を流した。その後、12年1月に（株）夢のみずうみ社に就職。そんな中、大槌町で夢ハウスの開設を模索する藤原理事長から「管理者として住み込まないか」との打診が。

見ず知らずの初めての土地。何より震災を経験していない自分が受け入れてもらえるのだろうか。不安は大きかったが、新たな事業への期待と「自分なりに復興へのお役に立てることがあれば」と快諾した。

*

拭《ぬぐ》えない津波への恐怖。募《つの》る寂しさ。抑えようのない苛立《いらだ》ち。開設当初、子どもたちの言動や振る舞いには〝荒々しさ〟が目

古い民家を借りて2013年4月に開所した「子ども夢ハウスおおつち」

立っていた。ベタベタ、ヌルヌルなどの手触りに敏感に反応する「触覚防衛」という感覚障害があるようにも見受けられた。
こうした症状を和《やわ》らげようと、誕生日会やサマーキャンプ、乗馬体験など、多彩なイベントを企画。地域で行う夏の盆踊り大会では、「子ども出店」を設け、住民との〝心の交流〟に笑顔の花を添える。昨年10月には、近くの駐車場スペースを借り、ボランティアや住民、子どもたちと力を合わせて「すりきずこうえん」も手作り。それまで遊び場のなかった子どもたちは、滑り台やターザンロープなどで日が暮れるまで楽しんでいるという。

震災から3年目となる3月11日には、天国へ届けと、夜空に光る手紙を結び付けたバルーンを飛ばした。「〇〇君元気ですか？僕は2年生になります」「おばあちゃんの大好きなお饅頭《まんじゅう》の絵を送るね」など、大切な人への思いを込めて。

## 心から笑い合える瞬間を少しでも作ってあげたい

「大人の見えないところで苦しんできた子どもたちも、ようやく3・11をポツポツと話せるようになり、心の整理がつき始めたように思えます」と、吉山さんは実感を込める。

子どもたちに〝あの日〟をフラッシュバックさせないように心を砕いてきた日々。

「家族や友人に囲まれて生きてきた僕が、どれだけ、この子たちの苦しみに寄り添えているのか……。今でも分かりません。ただ一緒になって心から笑い合える瞬間を少しでも作ってあげたい。それだけなんです」。

吉山さんは、側《そば》で無邪気に卓上ゲームを楽しむ子らを、慈《いつく》しむように見つめながら続

被災地に遊び場を。子どもたち、住民、ボランティアと作った「すりきずこうえん」

けた。

「どうやら僕は優しすぎるみたいで……。いまだに叱ることが苦手なんです。だけど、葛藤しながらも真剣に子どもたちと向き合う中で逆に、この子たちから〝生き抜く強さ〟を教えてもらっています」

昨年5月から一緒に働く横澤智恵子さん(41)は、こうした吉山さんの言葉に深く共感する。「吉山さんの誠実な人柄のおかげで子どもたちも落ち着きを取り戻しています。みんな吉山さんのことが大好きですよ」と、笑みを浮かべた。

＊

「吉山さーん！　かくれんぼしようよ！」「いやだ、サッカーがいい！」。子どもから大人気の吉山さん。どの子の声も丁寧《ていねい》に受け止め、むげにはしない。

「わかった、わかった。もう日が暮れるから先にサッカーしてから、かくれんぼしような」

別の少年が追い打ちをかける。「吉山さん、かくれんぼが終わったら一緒にパスタ作ろうよ」。さすがの吉山さんも苦笑い。「よーし！　まずは、みんなですりきずこうえんでサッカーだ！」。余寒厳しい夕方、子どもと一緒になってボールを追い掛ける吉山さん。

「心の奥底にある傷を楽しい思い出で埋めてあげたいんです。この子らが大人になった時に夢ハウスが〝心の宝〟になっていれば」。こう願う吉山さんは、ゴールを決めた少年を思いっきり抱きしめた。

2014・4・11

《記者メモ》

夢ハウスの室内の壁には、400枚近い木製のネームプレートが並ぶ。「全国各地から支援金を寄付してくださった方々の名前です」と吉山さん。夢ハウスの継続へ、草の根の善意の一層の広がりを願ってやまない。

※「夢ハウスおおつち基金」問い合わせ先
☎083-995-2820

大震災から１年、新しい消防団旗を陸前高田市長から受ける団員（共同）

# 〝忘れ形見〟抱きしめ 逝った家族と 地域のために前へ

岩手・陸前高田市
**吉田　寛さん**

岩手県陸前高田《りくぜんたかた》市の高田地区。東日本大震災後初めてとなる消防団の操法大会へ向けた練習が連日、行われていた。唇をぎゅっとかみ締めて、消防ポンプ車のホースの口を握りながら、猛ダッシュを繰り返す男たち。その中に、高田分団３部でコーチを務める吉田寛さん（36）の姿があった。

大津波に流された街の跡を夏草が埋め尽くし、ムンとした草いきれが辺りに漂っている。やがて初夏の夕日が沈み、夜の帳《とばり》が降りると、消防団の操法大会の練習に励む、勇ましい男たちの声が聞こえてきた。

3・11のあの日、人命救助に走る中、自らも犠牲となった消防団員は全体で254人。同市では被災市町村で最多となる51人の消防団員が殉職した。それだけに訓練は、緊張感がみなぎる。

＊

同市で電気店を営む吉田寛さんは、あの日、仕事現場で大きな揺れに見舞われた。急いで店舗兼自宅に戻ると、母・静子さん（72）と妻・眞紀子さん（33）、脅えながら妻にしがみつく次男・将寛君（5）がいた（3人の年齢は当時）。「消防で出掛けるから、逃げろよ」と告げた後、寛さんは近所の住民に高台への避難を呼び掛け、誘導していた。

その10分後、背後から津波が押し寄せる。胸まで水につかり、市立高田小学校の2階に奇跡的に逃れた。胸をなで下ろしたが、なぜか不吉な予感が襲ってくる。「家族はのみ込まれたのでは」。不安を打ち消すように、消防団の屯所に向かった後、家族を捜し回った。だが翌日、直感は的中した。再会できたのは、当時、小学4年生の長男・芳広君だけだった。

## 〝心の中〟の3人は分かってくれている

消防団の一員として、行方不明者の捜索活動に当たる中で、母と妻と次男を捜し求める毎日が始まった。来る日も来る日も、がれきの山をかき分け、ヘドロに足をとられながら、遺体を捜し、安置所へと運んだ。そのほとんどは顔見知り。「この人は友達の親父さん」「この人は、あいつの母ちゃん」……と涙にくれるつらい日々が続いた。

変わり果てた妻を見つけ出せたのは、それから数日後。もはや涙は枯れ果てていた

高田分団３部に所属する吉田さん。団ではリーダー的な存在だ

のか、ぼう然と立ち尽くすだけだった。やがて4月も下旬に入り、静子さん、将寛君の遺体も見つかった。

「津波から逃がしてやれなかったのは俺のせいだ」。小さな骨を火葬場で拾い、自らを責めた。「なぜ、あの時、家族を置き去りにして、他人を守らなければいけなかったのか」と。

そんな自責の念と悔恨の情は、あの日から3年の月日が過ぎた今も消えることはない。だが、それでも寛さんは訓練に汗を流す。「消防の技術を仲間に伝えなければ」との使命感に自らを奮い立たせて。いや、それ以上に心の中に生きる3人が「分かってくれている」と固く信じて。

＊

避難所で、父一人、子一人の暮らしが始まった。母親がいる男の子を見る芳広君の寂しげな眼差しに心が痛んだ。「新しい人と出会うと何か開けるかも知れない」。震災の年の6月、遺児支援に取り組む「あしなが

## 息子が一人前になるまでは、俺が何とか育てるから芳広が18歳になるまでは見守っていてくれ！

育英会」が岩手県花巻市で開いた集いに寛さんは芳広君と参加した。

「同じ境遇にある子どもたちと触れ合うことで、成長してもらえれば」

花巻でのイベントをきっかけに、あしなが育英会との交流が深まった。岩手県沿岸部の遺児支援の拠点となる「レインボーハウス」建設の構想を知った寛さんは、地域住民や地元業者との橋渡し役となった。また、遺児支援プログラムを行うための仮施設「トレーラーハウス」の用地探しや整備に関わり、親子でプログラムにも参加した。

「吉田さんの縁を通して建設用地が見つかり、話が進んだ」（同育英会）というレインボーハウスは今月末、完成の運びとなる。

「吉田さんとの出会いがなければ、レインボーハウスは今の形で建設が進まなかったかも知れません。吉田さんのサポートもあり、子どもたちとの関係づくりも順調に進んでいます」。同育英会東北事務所の若宮紀章さんは語っている。

### 津波にも流されなかった家族との思い出の写真

寛さんは2歳の時、盛岡市の児童養護施設から吉田家に養子に迎えられた。そのことを知ったのは、中学校卒業を前にした時。衝撃はあったが、父の芳之悳《よしのじょう》さんを心から尊敬する気持ちが揺らぐことはなかった。

14年前、芳之悳さんの急死で店を継ぐと、「親父の分まで」と懸命に働き、震災の前年には父の時代の売り上げを超えた。亡き親父と、そして店と家族を支え続けてくれた妻と母、二人の息子たちのために自宅を建て直し、旅行をプレゼントしよう——。その夢と大切な家族を大津波が奪い去った。

　そのことを思うと、何のために生きているのかと思うこともある。海をうらみたくもなる。そんな時、寛さんは、自分に言い聞かせる。「下を向いているから、つまずかず歩くことができる。後ろを見るから、前にも進める」と。そして、三葉の写真を手に取り、心の中で語り掛ける。純白のウエディングドレス姿で微笑む妻・眞紀子さん、手を取り合ってケーキに入刀する二人、そして、生まれて間もない芳広君を抱く眞紀子さんの姿に。

手元に残った家族の写真を見つめる吉田さん。家族の思い出が心の支え

「芳広が一人前になるまでは、俺が何とか育てるから……」「芳広が18歳になるまでは見守っていてくれ！」

　すべてを津波で流されながらも、わずかに残った思い出の写真。「今も家族はいつも一緒」との思いから、写真は、いつも愛車のダッシュボードにしまっている。そして、眞紀子さんの免許証を財布に入れ、片時も離すことはない。

## 優しい心の人に育ってほしい

銀色に光るベルトコンベアからは、ひっ

きりなしに土砂が運ばれ、重機のうなる音が陸前高田の大地に響き渡る。津波で流された地は、かさ上げ工事が進み、10メートルを超える〝茶色いピラミッド〟が点在する。自力で自宅を再建する人も増えてきた。復興の槌音が日増しに高まる中で、エアコンなど電化製品の設置の仕事が急増し、寛さんの仕事は多忙を極めるようになった。

毎日、朝早く仕事に出掛け、帰宅はいつも深夜。そんな父の背中を見て、いつしか芳広君は、掃除や洗濯を手伝うように。

「かまってやれないから、芳広は『絶対に親父みたいになりたくない』って思っているんじゃないかな」「津波でつらい思いをして、苦労してきたんだもの。優しい心の人に育ってほしい」

寛さんは、少し寂しげにつぶやいた。けれども、芳広君は、中学に入学してからは、寛さんと同じように柔道部に入り、鍛えの道を歩んでいる。一人残った妻の〝忘れ形見〟の長男への愛情を全身で語る瞳の奥に、亡き父母と妻子の姿がくっきりと映っていた。

2014・6・11

### 遺児支援の拠点
## 「レインボーハウス」

レインボーハウスは、「あしなが育英会」が阪神・淡路大震災の遺児の心のケアなどを目的に誕生。子どもが安心して感情を出せるように配慮された「火山の部屋」や「おしゃべりの部屋」を設けるほか、心のケアのボランティア養成や遺児支援プログラムを実施している。仙台、石巻に次いで6月29日、三つ目となる施設が陸前高田に完成。

一人息子の貴光さんは21歳で亡くなった。東北の被災地を訪ねる加藤さんは訴える。「貴光の分まで生きて」と（加藤さん提供）

# 「阪神」で失った息子の分まで「負けないで」を伝えたくて

広島市
**加藤 りつこさん**

「私もかつて悲しみのどん底にいた身。奈落の苦しみの中、自力で立ち上がることは不可能でした」――。広島市に拠点を置くボランティア団体「広島と福島を結ぶ会」。その代表を務める加藤りつこさん（65）が、被災者一人一人に寄り添うように、穏やかな口調でそう語り始めた。

２０１２年秋の、とある日の午後――。
福島県いわき市の県立小名浜《おなはま》高校の体育館は、季節外れの春風が舞っているような優しさに包まれていた。歌あり、踊りあり、語りあり。ボランティア団体「広島と福島を結ぶ会」による催しが、東日本大震災で傷ついた福島の人々を労《いたわ》り、慰《なぐさ》め、励ましていく。

前日の夜7時、加藤りつこさんは、４人の仲間と1台の車に乗り合わせて広島を発ち、この日昼、いわき市に着いたばかり。車中泊の疲れも見せず、「福島、頑張れ」「負けないで、東北」のエールを懸命に送り続けた。さながら、子を慈《いつく》しんでやまぬ母の姿にも似て――。

## 私にとって３・11は他人事ではないんです

加藤さんには一人息子がいた。
「人として貴《とうと》く光れ」との願いから付けた名は「貴光」。丑《うし》年生まれに因《ちな》んで、まわりからは「うし君」と呼ばれていた。

高校1年のとき、湾岸戦争（１９９１年１月17日）が勃発したのを契機に、貴光君は将来の目標を「世界平和に貢献する人材に」と定め、神戸大学に進んだ。学内では英語弁論大会や国際学生協会で活躍し、夢に向かってまっしぐらに進んでいた。

事実、彼が大学2年のときに書いた論考「消されるもの、消せないもの～韓国・日本の歴史観について～」（落合信彦著『崖っぷちで踊るヤツ、すくむヤツ、逃げるヤツ』に収蔵）は、行き詰まる現在の日韓関係を予言していたかのような鋭い指摘と、若者らしい旺盛な正義感と、そして豊かな国際感覚にあふれている。国際ジャーナリスト、落合氏をして、「わが友」と呼ばせたゆえんでもある。

だが、その高い志《こころざし》は95年1月17日、何の予告もなしに露《つゆ》と消える。阪神・淡路大震災。倒壊したアパートのがれきの下で、21歳になったばかりの青年は短い生涯に幕を閉じた。

＊

交通機関も情報もマヒする中、加藤さんがわが子の亡骸に対面できたのは震災翌日の午後。住居としていた兵庫県西宮市のアパートは見る影もなく崩れ、寒風下、布団にくるまれていた。そっと触れた体の冷たさに呆然とし、涙も出なかった。

遺体は近くの学校に安置され、加藤さんはこの日から3日間、ここで寝泊まりした。防寒具は段ボールと新聞紙ぐらい。トイレの数も足りない。寒さに震え、一睡もできぬまま、霊柩車が空くのを待ち続けた。

「だから、私は手に取るように分かるんです。今度の震災で東北の人たちがどれほど辛い思いをしたか。私にとって、3・11は他人事ではないんです」

実際、3・11をテレビ・ニュースで知ったとき、脳裏に1・17の光景がフラッシュ・バックし、加藤さんは1週間ほど寝込んでしまう。今思えば、加藤さんがその後、幾度となく福島へ、宮城へ、岩手へと〝東北支援の旅〟をすることになる素地と決意は、このときに形成されていたのかも知れない。そう、目には見えない太くて強い〝心の絆〟が。

**〝寄り添う〟とは**
**強引に前から引っ張ることでも**
**後ろから押すことでもなく**
**その人が自力で立ち上がれるまで**
**一緒にあり続けることなんですね。**

## 〝感謝ゆえの涙〟
## 〝うれしさゆえの涙〟

それにしても、一人息子を失った衝撃は大きすぎた。

▲在りし日の息子の姿をスライドを通して紹介。生きていることの尊さを訴える加藤さん

◀神戸大学在学中の貴光さん（左）。世界平和に貢献したいと語っていた（加藤さん提供）

茶毘に付した後、加藤さんは一歩も外に出られなくなる。来る日も来る日も遺骨を抱いて泣き続け、毛細血管の切れた目は真っ赤に染まった。家の中を徘徊し、のたうち回り、死の誘惑にも駆られた。

　そんなある日のことだった。暖房も灯りも消えた部屋で、ふと振り返ると、ただならぬ姉の様子を心配して自宅に戻らずにいた妹が、座ったまま、こくりこくりと居眠りをしている。

「お姉ちゃんは一人じゃないよ。私がずっと一緒にいるからね」——。無言のうちにそう訴えている姿がたまらなく愛《いと》しく見えた。昨日までの涙とは違う〝感謝ゆえの涙〟〝うれしさゆえの涙〟が頬を伝った。

　生来、体の弱い妹の手を取り、姉は言った。「暖かい所に一緒に行こうね」。わが子を失ってから、初めて自らの意思で他者のために取った行動だった。

「妹のおかげで気づいたんですね。人って結局、他者のために生きてこそ意味があるって。〝寄り添う〟とは、強引に前から引っ張ることでも、後ろから押すことでもなく、その人が自力で立ち上がれるまで一緒にあり続けることなんだと」。ゆっくりと、だが確実に命が蘇生し始めた。

## 〝あなたの大きく強い愛を感じなかったことはない〟

東北支援に汗を流し続ける加藤さんには、肌身離さず持ち歩いている宝物がある。

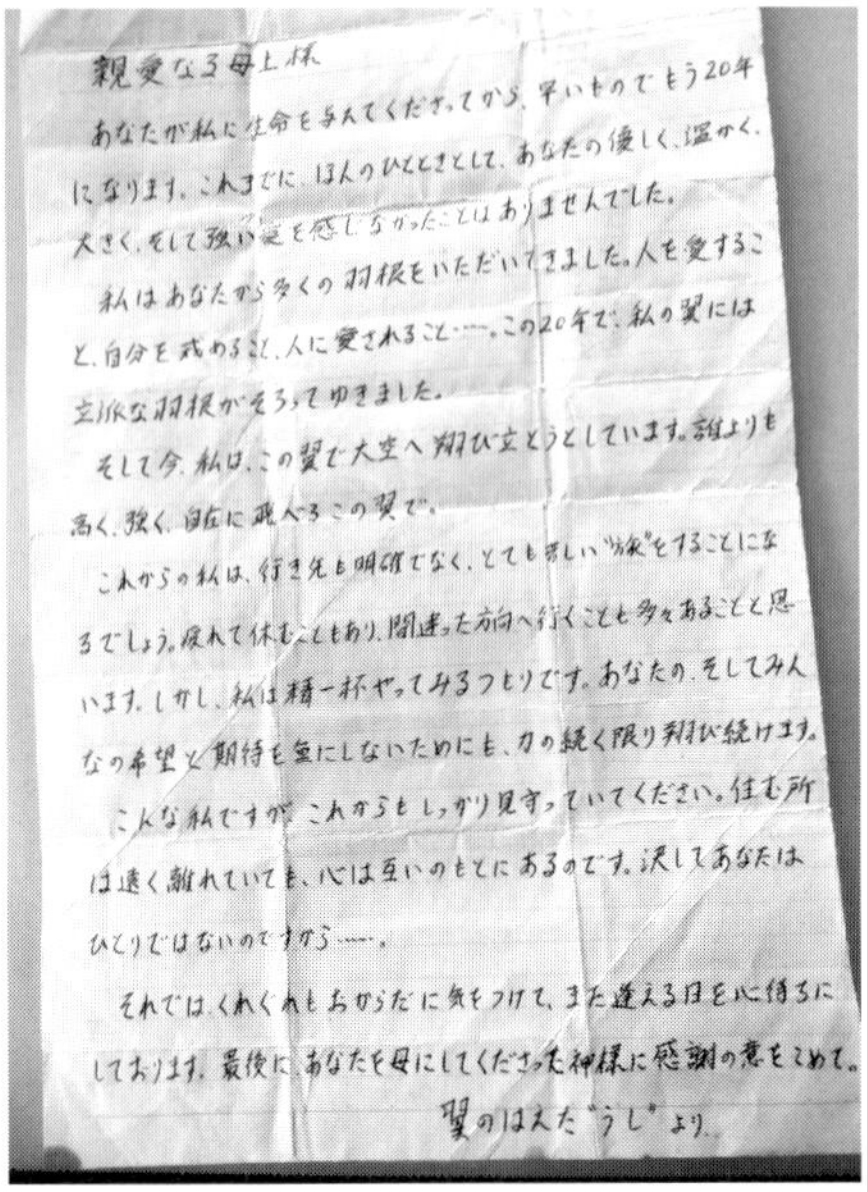
親愛なる母上様
あなたが私に生命を与えてくださってから、早いものでもう20年
になります。これまでに、ほんのひとときとして、あなたの優しく、温かく、
大きく、そして強い愛を感じなかったことはありませんでした。
私はあなたから多くの羽根をいただいてきました。人を愛するこ
と、自分を戒めること、人に愛されること……。この20年で、私の翼には
立派な羽根がそろってゆきました。
そして今、私は、この翼で大空へ翔び立とうとしています。誰よりも
高く、強く、自在に飛べるこの翼で。
これからの私は、行き先も明確でなく、とても苦しい"旅"をすることにな
るでしょう。疲れて休むこともあり、間違った方向へ行くことも多々あることと思
います。しかし、私は精一杯やってみるつもりです。あなたの、そしてみん
なの希望と期待を無にしないためにも、力の続く限り翔び続けます。
こんな私ですが、これからもしっかり見守っていてください。住む所
は遠く離れていても、心は互いのもとにあるのです。決してあなたは
ひとりではないのですから……。
それでは、くれぐれもおからだに気をつけて、また逢える日を心待ちに
しております。最後に、あなたを母にしてくださった神様に感謝の意をこめて。
翼のはえた"うし"より。

加藤さんが肌身離さず持ち歩いている、貴光さんからの手紙

愛息が遺《のこ》してくれた1枚の手紙だ。

大学入学式直前の93年4月、西宮市内で一緒に下宿を探して新大阪駅で別れる際、別れを惜しんで涙をこぼす母に、子は新幹線のドア越しにコートのポケットを指さした。きょとんとして加藤さんが手を差し込むと、きれいに折りたたまれた宝物が入っていた。

「あなたが私に生命を与えてくださってから、早いものでもう20年になります。これまでに、ほんのひとときとして、あなたの優しく、温かく、大きく、そして強い愛を感じなかったことはありませんでした」

「私はあなたから多くの羽根をいただいてきました。人を愛すること、自分を戒めること、人に愛されること……。この20年で私の翼には立派な羽根がそろってゆきました。そして今、私はこの翼で大空へ翔び立とうとしています。誰よりも高く、強く、自在に飛べるこの翼で」

「私は精一杯やってみるつもりです。あな

たの、そしてみんなの希望と期待を無にしないためにも、力の続く限り翔び続けます」

「これからもしっかり見守っていてください。住む所は遠く離れていても、心は互いのもとにあるのです」

そして結び。

「あなたを母にしてくださった神様に感謝の意をこめて　翼のはえた〝うし〟より」

列車が広島駅に着くまで何度読み返したことだろう。滂沱と流れる涙を拭《ぬぐ》うのも忘れて。

交流会終了後、女子高校生から感謝の品を贈られる加藤さん（2012年10月　福島・いわき市）

## 「もう一人の息子」が歌う「親愛なる母上様」の曲

1・17から12年後、一人の音楽家がこの手紙に曲を付けた。奥野勝利《まさとし》さん（39）。奇しくも愛息と同い年。「音楽を通して世界に貢献したい」という志の高さも、在りし日のわが子の姿と重なった。互いに「もう一人の息子」「もう一人の母さん」と呼び合うようになった。

今、加藤さんの〝東北支援の旅〟には必ず奥野さんが同行し、日程と時間が許せば、この曲『親愛なる母上様』を歌う。

そして、傷ついた被災地の人々は、目頭を熱くしてじっと聴き入りながら、心に誓う。「貴光さんの分まで頑張る」「必ず3・11を乗り越える」（いわき市での交流会で女子高校生たち）と――。

2014・3・11

# 被災地から障がい者の気持ちを伝える

岩手・陸前高田市
## 田中 陽子さん

目の前に騒然とした光景が広がる。避難所となった体育館は、寒さや恐怖におびえながら語り合う人々で溢れている。しかし、音の世界を知らない自分には、何を話しているのかが分からない。喧騒《けんそう》の中で深まる孤立感、疎《そ》外《がい》感。「一体、何が起こっているの。情報がほしい、耳の聞こえない私にも……」。あの日、ろうあ者の多くは、こうした被災体験をしたという。田中陽子さん（50）も、その一人だった。

携帯電話は、災害時、筆談に代わって意志を伝える手段の一つに

岩手県陸前高田市に住む田中陽子さんは、縫製工場に勤務する傍《かたわ》ら、県聴覚障害者協会の気仙支部長も務め、日頃から手話サークルの活動に力を注いでいた。

３・11当日は、勤務中に被災し、会社の同僚と共に車で避難所へ向かった。「みんな無事でいて！」。田中さんは、手話サークル仲間の安否確認に走ったが見当たらない。

あの日、避難した体育館。健常者との“違い”を実感した

焦りと不安が募《つの》る。

「社会福祉課の方はどちらにいますか？」。携帯電話のメール機能を使って、市役所の腕章を付けたスタッフに尋ねたが、ここにはいないという。「避難所には社会福祉課の職員がいるはずなのに、なぜ？」。この時、すでに市役所は津波にのまれ、多くの職員が犠牲になっていた。

犠牲になった多くの友の志をついで、「災害弱者のために福祉避難所の設置を」と訴える田中さん

広い体育館にストーブはたったの1台。暗幕に身を包み、寒さに耐えながら、ひたすらに仲間の無事を祈るほかすべはなかった。

眠れぬうちに夜が明けると、避難所に手話仲間が一人また一人と集まってきた。互いの無事を喜び合い、涙を拭いながら知る限りの情報を交わした。「他の避難所にいる仲間は助かっただろうか。辛《つら》い思いをしていないだろうか……」。心が引き裂かれそうだった。

## 30年来の〝姉〟の無事を知って安堵

かけがえのない友の訃報を知ったのは、震災から1週間が過ぎた時だった。千田美和さん。市社会福祉課に勤め、共に手話を学び、プライベートのことでも何でも語り合えた仲だった。

ろうあ者にとって、買い物や病院へ行く時に欠かせないのが手話通訳だ。しかし、

# 一体、何が起こっているの。情報がほしい……あの時ほど、聞こえないことを不自由に思ったことはありません。

通訳派遣は通常2週間前に申請する必要がある。時には急用もあるだろう。そんな時、千田さんは喜んで引き受けてくれた。

「毎日のようにメールでやり取りしていました。手話で心が通じた大切な人でした」。懸命の身ぶり手ぶりでそう語ると、目に熱いものがこみ上げた。

手話仲間たちの訃報は、それからも続いた。そのたびに、胸が締め付けられた。

そんな失意の中でも、手話仲間の安否確認に努めた。そしてある日、もう一人の大切な友人の無事を伝える新聞記事が。思わずうなった。30年来の友人・佐藤尚子さん（53）だ。「姉のような存在で。名前を見つけた時は本当に嬉しかった」

ちなみに、今回の取材に際し、手話通訳を引き受けてくれたのも佐藤さん。「私も陽子さんの無事を知った時、本当に安心しました」。そうほほえむと、隣に座る〝妹〟も満面の笑みを返した。

## 警報が聞こえない情報を得にくい

「聞こえないことを不自由に感じたことはありません。それが当たり前だったから」。そう語る田中さんが、健常者との〝違い〟を初めて感じたのは、仙台市内の会社へ就職したころだった。コミュニケーションは全て筆談。手話ができる友人とレストランで食事をしても、周囲には物珍しそうな視線がつきまとった。

決定的だったのが、今回の3・11だ。

UNISDR主催のシンポジウムでパネリストとして参加した田中さん（右から３人目　2013年10月29日　岩手・陸前高田市）

ろうあ者は外見上、健常者と変わらない。だが、警報は聞こえず、重要な情報を得にくい。健常者との〝違い〟をあらためて思い知った。

協会のメンバーからメールで次々と寄せられてくる避難生活の報告も、健常者との〝違い〟ゆえの苦しみに溢れていた。

「会って状況を聞きたい」。２０１１年５月の連休中、田中さんは、生き残った手話仲間の元を訪ね歩いた。皆、会った瞬間に泣き崩れた。誰もが我慢し、孤独に耐えていたのだ。

## 誰もが安心して暮らせる街へ　そのために尽力

昨年10月末、陸前高田市で行われた国連国際防災戦略事務局（ＵＮＩＳＤＲ）などが主催するシンポジウム。〝佐藤姉さん〟の手話通訳に助けてもらいながら、田中さんはパネリストの一人として、〝仲間の気持ち〟を訴えた。「私たちが抱える不安や不自由をもっと知ってほしい」「障がい者も健常者も、ともに安心して暮らせる街づくりのため、福祉避難所を設置してほしい」

＊

震災から3年余。協会支部長としての田中さんの活動には以前にも増して拍車がかかる。「どれだけの歳月が流れても、悲しみが癒えることはありません。でも――」。言葉に詰まりながらも、その瞳は訴えていた。「亡き友たちの分まで生きる」と。

2014・2・11

『記者雑感』

痛みを知る人ならではの振る舞いか。田中さんは仲間のことばかりを語った。災害弱者への対策を訴えた。ご自身が抱える悩みは口にしなかった。

時折、「障がい者は支援に頼り過ぎでは」という声が聞こえてくる。しかし、障がい者と健常者の〝違い〟は、明確に数字が示している。内閣府の推計によれば、被災3県で障がい者が犠牲になった割合は健常者の2倍にも上った。この事実の重みを政治は直視しなくてはならない。

## 障がい者の視点を防災・減災対策に

「障害者と防災シンポジウム」より

シンポジウムは、3・11を障がいのある人たちの視点から捉え直し、その経験と教訓を被災地から世界に発信しようと企画。マルガレータ・ワルストロム国連事務総長特別代表（防災担当）は、防災計画や災害対策の策定に際し障がい者の視点が欠かせないことを強調するとともに、世界中の障がい者らを対象に行った調査結果を発表。

それによると「災害時、一人で逃げることができるか」の問いに、日本では４人に３人が「できない」と回答。また、約７割が居住地域の災害対策や防災計画の内容を「何も知らない」ことを紹介。防災・減災対策における“障がい者の不在”を浮き彫りにした。

パネリストとして参加した田中陽子さんも、震災時、手話をできる人がいなかった避難所での不安や、停電で筆談ができなかった現実を紹介した。

## 人間の復興へ
# 私たちの一歩
## 福島発

寒風と静寂《せいじゃく》が辺り一面を包み込む。ひと気のない「警戒区域」を仕切るバリケード前には、数人の警察官が並び、物々しい雰囲気が漂《ただよ》っていた――。

福島県南相馬市から国道6号を10キロほど南下した同県浪江町との境界線。「ありのままを撮りたいんだ」。映画監督の安孫子亘氏（53）は、バリケードの先を見つめる山田登志美さん（86）の悲しげな背中にそっとカメラを向けた。

「真実に勝る映像はない」との信念から2009年、福島県檜枝岐《ひのえまた》村で受け継がれる農村歌舞伎のドキュメンタリー映

# 〝うつくしま〟の真実を撮り続けたい

ドキュメンタリー映画監督
安孫子《あびこ》 亘《わたる》さん

画『やるべぇや』の撮影に乗り出した安孫子監督。だが、完成間際だった〝あの日〟、自らも栃木県内のスタジオで被災する。

壊れたフィルムの中で残ったのは『やるべぇや』だけ。「この瞬間、自分と福島は切っても切れない関係になった」と、福島でドキュメンタリー映画を撮り続ける覚悟を決めた。

「……放射能測定値、単位は〇〇マイクロシーベルトです……」。2011年秋、取材で福島県に向かう車中、ラジオから衝撃的なアナウンスが聞こえてきた。「何がどうなっているんだ!」。このまま県外から通っていては何も伝わってこない。すぐさま同県下郷《しもごう》町ジイゴ坂地

区にある廃校（旧旭田小学校落合分校）をスタジオとして活用し、映画製作の拠点を移した。

いまだ収束の見通しが立たない原発事故。同県では今も約16万人の広域避難が続く。事故以来、世界に広がる「汚染されたフクシマ」のイメージを自身の作品を通して〝除染〟し、「美しい福島」に戻せたら……。そう願う安孫子監督は「そのためにも福島が誇る豊かな自然や歴史ある文化、伝統を後世に残したい」と決意。会津地方に残る昔話の〝最後の伝承者〟、山田さんの会津弁の語りを通

して〝うつくしま福島〟を伝える映画『生きてこそ』の製作に乗り出した。

「安孫子は言葉だけでは表せない真実をドキュメンタリー映画の中に込めているんです」と評すのは、二人三脚で歩むプロデューサーのナオミさん。「何度断っても真剣にぶつかってくる熱意に負けちゃって」と出演を決めた山田さんの言葉が、安孫子監督の作品に対する真摯《しんし》な姿勢を物語る。

ドキュメンタリー映画には台本がない。それは復興に向けて進む福島の姿とも重なる。「終着点が見えないからこそ復興するその日まで撮り続ける。〝うつくしま〟の真実が、今ここにあるから」

砂ぼこりが舞う国道6号。そこに立つ山田さんの〝今ここにある真実〟を安孫子監督は静かに切り取った。

2013・3・10

《追記》震災から3年が過ぎた2014年5月3日。スタジオの廃校が町民ら有志によって「会津ジイゴ坂学舎」として地域文化の発信拠点へとリニューアルされた。古き良き時代の香り漂う木造づくりのその校舎を眺めながら「ここで作った映画を通して、震災や原発の悪いイメージだけじゃない、本当の福島の姿を世界中の人たちに知ってもらいたい」と語る安孫子監督。福島の未来に思いを馳せるその表情は、厳冬を越えて咲く桜にも似て、穏やかな温もりに満ちていた。

映画の中のワンシーン。美しい福島の自然と豊かな文化、さらに原発事故後の“今”が描かれている

## 映画『生きてこそ』

福島県の会津盆地で暮らす昔話の語り部、山田登志美さんが独特な会津弁で3・11後の〝変わったフクシマ〟と、〝それでも変わらぬ福島〟を語っていく。四季折々に違った顔を見せる千変万化の福島の風景を捉えた映像美は圧倒的で、無言のうちに震災復興と福島再生の加速を訴える。完成は2013年秋。以来、全国各地で上映されてきた。

なお、『生きてこそ』製作委員会では同映画の自主上映会を募集中。負担のかからない経費で上映可能で、機材の貸し出しなども行っている。詳しくは同委員会（☎090-3098-7077 miru36@ag.wakwak.com）まで。

ルポ

# 「風評なんかに負けない」温泉街での果物栽培など推進

県立福島高校「福島復興プロジェクト」

温泉の源泉がある場所で関係者から話を聞く高校生たち

若い力で風評なんか吹っ飛ばせ！ 東京電力福島第1原発事故の〝後遺症〟に苦しむ福島市で、故郷の再生に向けて奮闘する地元高校生たちの姿を追った。

「昨日はお疲れさま！」

2013年10月26日のお昼過ぎ。JR福島駅西口に県立福島高校2年の長谷川俊一君、大東彩乃さん、安村香波さん、小林恵菜さん、鈴木瑞彩さん、鈴木貴大君が集合した。同校の「福島復興プロジェクト」のメンバーである6人は、前日に3泊4日の修学旅行から戻ってきたばかり。この日から、観光振興に従事する専門家を招き、地元の土湯温泉街の活性化への課題を探る現場視察を2日間の日程で行う。

6人は、初めから地元への思いが強かったわけではない。何しろ、震災と原発事故があった時は、まだ中学2年生。甚大な被害を受けた被災地の様子が流れるテレビを見て不安を覚えたものの、自分たちが住む福島県で何が起きているのかをすぐには理解できなかった。

そんな中、故郷の再生に向けて立ち上がるきっかけとなったのが、同プロジェクトだった。「半端《はんぱ》な気持ちなら携《たずさ》わらなくても良い。やるからには本気で福島の復興を進めよう」。12年4月、高校進学直後の説明会でプロジェクト結成の目的を熱く訴える遠藤直哉教諭の姿に、〝若き血〟は燃え上がった。

## ▼自分たちにできることは何か

結成から4カ月後の同年8月には、被災地の現状を知るため全メンバーで土湯温泉を訪問。地震で損壊した旅館、風評被害による観光客の激減……。現実を目の当たりにし、「自分たちに何かできないか」と話し合いを重ねてきた。

やがて長谷川君らは、「温泉熱を活用して果物の栽培ができるのでは」と思い付く。調査を進める中で、新潟県村上市の瀬波温泉地域で南国フルーツを栽培していることが分かった。「自分たちのアイデアは間違っていなかった」。自信が確信に変わり、活動にさらに熱がこもっていった。

そして13年1月。知恵を出し合って作成したプランを土湯温泉町復興再生協議会の加藤勝一会長（元公明党市議）らに提示。かねてから自然エネルギーを生かした町づくりの構想を描いていた加藤会長らは、〝わが意を得たり〟とばかりに採用を即決。同年9月には、西アフリカ原産のミラクルフルーツの苗が専用のビニールハウス内に植樹された。

10月26日の視察では、国土交通大臣が任命する「ビジット・ジャパン大使」を務める甲斐賢一氏を招待してビニールハウスなどを見学した。「私たちの町づくり計画が着実に実を結んでいる」。ハウス内で順調に育つ南国果実を前に、6人の笑顔がはじけた。

フルーツの栽培状況に笑顔がはじけた

視察を終えた6人は、「風評被害なんかに負けてられない。私たちが福島の復興を担う！」とキッパリ。そんな頼もしい高校生たちの姿に、甲斐氏も「故郷再生と福島復興に挑む君たち高校生の存在自体が土湯の魅力」と絶賛していた。

2013・11・15

期待の声

## 福島と日本の未来開く人材に

県立福島高校 **遠藤直哉** 教諭

震災以降、郷土復興のために教育ができることを真剣に考えた結果、「福島復興プロジェクト」を立ち上げました。「復興の役に立ちたい」と多くの生徒が集まってくれたときは感動しました。

プロジェクトでは、アイデアを思いついた生徒たちに、実現へ緻密に考えを練らせるように指導しています。

案を出すだけではなく、具体的に計画・実行することにより、強い責任感を養うことができるからです。

日本の未来を切り開くには、「自分で考え、行動する力」が重要だと強く感じています。

このプロジェクトを通して、生徒たちが福島の復興を担う人材として飛躍できるよう、全力でサポートしていく決意です。

ルポ

# 女の子目線で〝福島の今〟を伝えたい

## 郡山《こおりやま》市「女子の暮らしの研究所」

ラジオ番組で暮らしに必要な情報や震災後の気持ちを発信

東日本大震災と東京電力福島第１原発事故で一変した福島の〝今〟を届ける「女子の暮らしの研究所」の活動が注目されている。

福島県出身の大学生や社会人の女の子たちでつくる「女子の暮らしの研究所」は、震災と原発事故から１年９カ月が経った２０１２年12月、同県郡山市で設立された。「不安を抱える女の子たちが本音で語り合い、これからの生活について考える環境をつくりたかった」と、代表の日塔《にっとう》マキさんは立ち上げの経緯を振り返る。

かわいい「ふくいろピアス」

現在は、〝18歳以上お母さん未満〟の28人が「研究員」として所属し、ボランティアで「暮らし」や「魅力」をテーマにさまざまな情報の発信を行っている。

そんな彼女たちの活動の一つが、ラジオ番組「女子の暮らしの研究所　ＬＡＢＯＬＡＢＯ（ラボラボ）♡ラジオ」の制作。番組は毎週火曜日の夜９時から、郡山コミュニティ放送（郡山市）で放送され、インターネットの動画サイトでも視聴することができる。

「ラボラボ、ラジオーッ」との明るく元気な掛け声とともに番組はスタート。進行役は研究員の女の子たちだ。福島県での暮らしに必要な情報とともに、「震災後、生活と密接になった問題にも目を向けていこう」と、法律や政治、経済などの話題も自分たちの言葉で伝え続けている。番組への反響は大きく、「普通の女の子が法律の話をするなんて驚き」「現実と向き合う姿に感動した」といった声も寄せられている。

♥伝統工芸の「カワイイ」を発信

暮らしの情報発信とともに同研究所で行っているのが、震災と原発で傷ついた福島県のイメージを変えようとする「ふくしまピースプロジェクト」。福島県のピース（かけら）を身に付けてもらうことで、魅力を感じとってもらおうと、伝統工芸品に〝今どきの女の子〟たちのあこがれるイメージ「カワイイ」を掛け合わせた商品を企画開発している。

昨年3月、第1弾として同県会津地方の工芸品「会津木綿《もめん》」を使った「ふくいろピアス」を企業と共同で作成した。3種類の形をしたピアスの中には、太陽や海、山、空などをイメージした8色の会津木綿があしらわれている。「このピアスを通して、福島と全国の女の子がつながり、福島のことを考えるきっかけになれば」と日塔さん。女性ならではの素敵な発想だ。

今年3月には第2弾として、会津漆器の技法をつかったアクセサリー、「ｏｍｏｉｎｏｍｉ（想いの実）」も完成した。研究所に所属する3人の職人が、震災後の思いを4色の漆《うるし》で表現し、ヘアゴムやピンバッジとして全国に届けている。

♥原発後の「ふくしま」を考える旅

県内の被災地を、研究員の女の子がガイド役となって案内するツアー、「Ｒｅ：ｔｒｉｐ（リトリップ）～ふくしまの『これから』を考える旅～」も話題になっている。ツアーでは、福島第1原発から20キロ圏内の南相馬市小高区などを訪れ、現地の被災者が語り部となって津波被害や放射能汚染の問題を伝える。

その際、ガイド役の女の子たちが着る服は青いワンピース。「福島に来たことで放射能への怖さもあるはず。そんな参加者の気持ちを少しでも軽くしたい」との思いからだ。いかにも女性らしい細やかな心配りに感心させられる。

ほかにも、同研究所では定期的なカフェイベントを開催し、参加者がおいしく、楽しく、真剣に福島県のことを知る場所も提供している。

「きっかけはなんでもいい。福島のこと、福島の思いを知ってもらえれば」。現実と向き合いながら、これからの暮らしを真剣に考える28人の女性たちの姿は、まばゆいばかりに輝いていた。

2014・5・5

商品開発の打ち合わせを行う研究員の女の子たち

◎右上　宮城県亘理町から北海道伊達市に移住したイチゴ農家の女性たち

◎右中　福島には「なみえ焼きそば」がある。ご当地グルメの祭典Ｂ－１グランプリで優勝した美味で浪江町を盛り立てる

◎左上　函館市からの義援船に感謝の笑みを浮かべる久喜漁業生産部のメンバー（岩手・久慈市）

◎左中「小袖北限の海女の会」のメンバー（岩手・久慈市）

◎下　　世界一のホタテを復活する！熱い思いを語る岩手県大船渡市小石浜漁港の若き男たち

# 負げでたまっか！

# 三陸の海と生きる

## 夢は“恋し浜ブランド”の完全復活

恋し浜のホタテは、1985年に築地市場で最高値をつけた逸品。しかし、津波はそのすべてを破壊した。避難生活のなかで恋し浜のホタテを待ちわびる声に発奮。男たちは完全復活に燃える。（岩手・大船渡市 小石浜）

浜のお母さんが、水揚げされたワカメを洗う（岩手・陸前高田市）

## カツオの水揚げ日本一を守る

壊滅的な被害を受けた気仙沼。しかし、浜の男たちはへこたれなかった。震災からまもない3月20日、「カツオで復興の烽火（のろし）を上げるんだ」と決意。カツオの水揚げ日本一を守り抜いた。（宮城・気仙沼市）

石巻市魚市場では底引き網漁の競り売りが再開。
震災から半年、魚の街に活気が戻る（宮城・石巻市）

## 素潜りで“負けない心”伝えたい

久慈市では津波で９割以上の船が流失・破損。多くの関係者が意気消沈するなか、浜を盛り立ててきたのが北限の海女たちだ。震災の年の６月、伝統漁法の「素潜り」を再開。彼女たちこそ「あまちゃん」ブームの立役者だ。（岩手・久慈市）

津波で流された加工所跡地でフカヒレを天日干し
（宮城・気仙沼市）

# 東北の大地と生きる

## 地元米で作ったお酒が復活！

酔仙酒造は、7人の従業員を津波で亡くし、陸前高田市にあった酒蔵も全壊。2014年2月27日、震災後初となる特別純米酒「多賀多(たがた)」の搾り作業が行われた。原料を地元米にこだわった「多賀多」の復活は、まさに地域の希望だ。（岩手・大船渡市）

## 今年も福島の美味を届ける

「あんぽ柿」を40年以上作り続ける伊達市の佐藤さん夫妻。3年ぶりに出荷した柿は、厳しい検査基準をクリアしたものの風評被害で売り上げは伸びなかった。でもあきらめない、次の年も美味を届ける。

## 実った！ 希望の赤いイチゴ

東北屈指のイチゴ産地として知られる宮城県亘理町の「いちご団地」で、震災後初めて実ったイチゴを手にする同団地管理組合長の森栄吉さん。家も、ハウスもすべて流された悔しさをバネに苦難を乗り越えてきた。

## 菜の花プロジェクトで塩害農地の回復めざす

津波でがれきとヘドロに覆われた大地に、誰もが「5～10年、作物はできないだろう」と思った。アブラナ科の植物は塩害に強く、塩分の吸収性が高い。そこに目をつけたのが、東北大学の中井裕教授（写真上・左、仙台市）。毎年、春には“希望の花”が咲き乱れる。（宮城・岩沼市）

本格的な作付けへ前進。全町避難が続く福島県浪江町で4年ぶりの田植え

## 被災地を桜で応援したい！

秋田県五城目（ごじょうめ）町のお年寄りは観光で訪ねた岩手県大槌町で被災。五城目町で活動する「山桜の会」では、その時の救援活動に恩返しがしたいと「復興さくら」の植樹を翌年からスタート。1年に30本、5年間で150本の植樹をめざす。

# 故郷の仲間と生きる

## ●仲間がいれば、元気がでる

宮城県七ケ浜町の作業場に笑い声とミシンの音が響く。「きずな工房」は町社会福祉協議会の主催で2011年12月に開設。家が大規模半壊以上の被災者が、裁縫や木工などの作業を通して触れ合う。ここに来れば元気が出る！

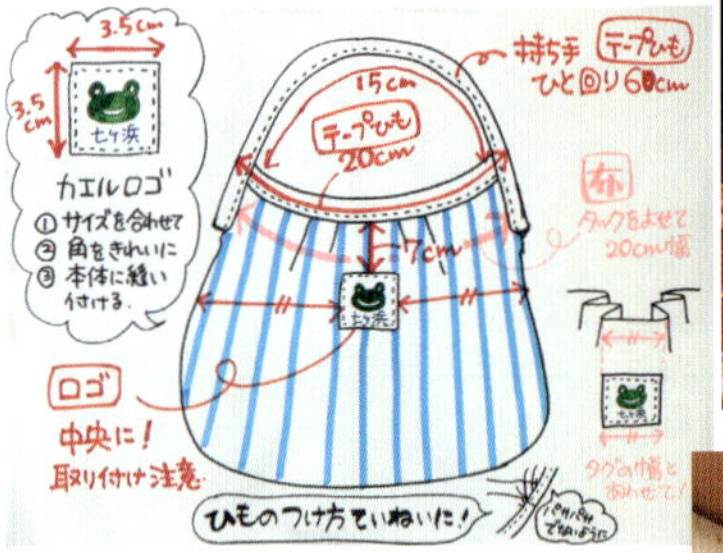


## ●復興のシンボル　ゆりあげ港朝市

がれきと化した閖上の町で真っ先に「復興」の烽火（のろし）をあげたのが、ゆりあげ港朝市。震災から約2週間後の3月27日、会場を内陸部に移して朝市を再開、多くの人々に勇気をおくってきた。そして2013年5月11日、ついに震災前の地で再開！（宮城・名取市）

## リメーク雑貨で復興めざす

古い着物も「WATALIS（ワタリス）」の女性たちの手にかかると素敵な巾着袋に大変身。2013年には、復興庁主催の「リバイブジャパンカップ」で大賞に輝くほど。地域の新たな伝統工芸品をつくっていきたいとメンバーは夢をふくらませる。（宮城・亘理町）

## 人と人を結ぶ 各地の復興商店街

大津波は街を壊滅。店を失った人たちが手を取り合って復興商店街を各地でつくっている。人と人とが集えば、そこから何かが生まれる。左上は高田大隅つどいの丘商店街、下は笑顔がステキな店員さんが案内をしてくれた石巻まちなか復興マルシェ。左下は、いち早く開設され、13年12月に閉店したホット横丁石巻。

# 「あの日」から3年半——復興の今

## ■仮設住宅入居者／9万3017人

＊復興庁発表（2014年6月現在）

## ■復興住宅／計画戸数2万9111戸、完成戸数3060戸

＊宮城、岩手、福島3県の合計。各県発表（2014年8月31日現在）に基づく

被災者が低家賃で利用できる復興住宅は、宮城県で11.3%、岩手県では12.7%完成。福島県は原発事故の影響もあり、完成は7.3%にとどまる。

## ■農林水産関係　被害からの復旧状況

＊復興庁発表（2014年8月26日現在）

| | | |
|---|---|---|
| 漁港 | 55% | 177漁港が復旧 |
| 養殖施設 | 82% | 6万2851施設が復旧 |
| 水産加工施設 | 80% | 653施設が業務再開 |
| 農地 | 63% | 約1万3470ヘクタールが再開可能 |

## 心の復興

### 自殺相談、被災地は全国の2.5倍

震災復興で大きな課題となっているのが、被災者の心のケアだ。昨年1年間（2013年）で、東日本大震災や原発事故との関連で自殺した「震災関連自殺」は、被災3県で37人（岩手4人、宮城10人、福島23人）。前年よりも13人増えている。

一般社団法人「社会的包摂サポートセンター」では、無料電話相談「よりそいホットライン」を運営する。被災3県から昨年かかってきた電話の約28%が自殺に関する相談だった。この割合は、全国（約11%）の約2.5倍。きめ細やかなケアが求められている。

命みつめて

Ⅲ

# 明日に向かって

全国キャラバンが復活。福島・いわき市内の体育館に避難する人たちを前に優雅に舞うフラガールたち

# 私たちの舞で全国に元気を届けたい

## 福島・いわき市「スパリゾートハワイアンズ」ダンシングチーム **フラガール**

あの日、福島県いわき市の「スパリゾートハワイアンズ」も激しい揺れに襲われた。日本アカデミー賞を受賞した映画『フラガール』の舞台としても全国に知られる東北屈指のレジャー施設と、その看板娘であるダンシングチーム「フラガール」。休館、自宅待機、余震……、大きな不安が彼女たちの胸を締めつけていった。この先、一体どうなるのだろう——。

笑顔が咲き乱れる。青春が躍動する。激しくも繊細な舞《まい》が神々しいほどの輝きと無限の希望を放つ――。

過ぎ去りゆく夏のある夜。幻想的なムードが漂うステージの客席には、涙を拭《ぬぐ》おうともせず、惜しみない拍手を送り続ける人がいた。復興に進む姿に自らを重ね、決意を固くする被災者もいた。

「新しい未来をつくる」。〝あの日〟を乗り越えようとするフラガールと観客が一体となった勇舞だった。

## 「もう、ダメか」――絶望的な状況を救ってくれた

2011年3月11日午後2時46分。いわき市のスパリゾートハワイアンズも、激しい揺れに襲われた。市沿岸部には津波が直撃、300人を超える人が亡くなった。

フラガールや従業員のほとんどは地元出身。津波で自宅を流されたり、原発事故の影響で避難を強《し》いられた人もいた。この先、一体どうなるのか。踊る場所を失ったフラガールたちは、深い悲しみと不安に包まれながら自宅待機となった。

休館を余儀なくされる中、追い打ちをかけるように、4月11日には震度6弱の直下型余震が発生。早期再開をめざしていた従業員らの夢をあざ笑うかのように、施設は3・11を大きく上回る被害に見舞われた。あまりに酷《むご》い〝天の仕打ち〟。「もう、ダメか」「再開は無理かも」。誰もが悲嘆に暮れ、絶望の淵へと追い込まれていった。

そんな中、敢然と立ち上がり、再びの前進を開始したのが彼女たちだった。「絶望的な状況を救ってくれたのが、まさにフラガールだったんです」（若松貴司・営業副本部長）

## こんな時こそフラを〝炭鉱のまち〟を再生

4月18日。自宅待機を余儀なくされてい

た彼女たちが約40日ぶりに再会。こんなにも長い期間、メンバー同士が顔を合わせないことはなかった。久しぶりに再会し、目と目を合わせた瞬間、一つの思いがメンバーの全身を貫いた。「こんな時にこそフラを」「今こそ踊りを」。すぐに、ある構想が動き始めた。ハワイアンズ開業の前年（1965年）、草創の先輩たちが展開した「全国キャラバン」の46年ぶりの復活だ。

　当時、国のエネルギー政策は石炭から石油への転換期を迎えていた。「もうこの炭鉱《ヤマ》はつぶれるのか」「この先、仕事はどうなるのか」。長く「炭鉱のまち」として生きてきた、いわき市は大きな閉塞《へいそく》感に包まれ、日一日と廃《すた》れゆくまちの風景に〃ヤマの男〃たちの心は揺れていた。

## 助け合い励まし合って
## 苦難を乗り越えよう

そんな中、「石炭に変わるダイヤモンド」として輝きを放ったのが、作業員の娘ら〃フラガール1期生〃たちだった。素人同然の状態から猛レッスンを重ね、プロのダンサーへと変貌を遂げる。そして、施設のPRのために、バスに乗って全国津々浦々を回ると、「炭鉱出身の娘たちのフラダンス」と評判を呼び、施設オープンの初日には多くの観客であふれ返った。

　いわきを「東北のハワイ」として観光地に再興させたこの奇跡の物語には、ある精神が息づいていた。「一山一家」――。山で働くすべての人を家族と思い、助け合って、

**生きているかぎり**
**なんども　なんどでも**
**人は立ち上がれる　強くなれる　必ず**
**決して忘れない　あきらめない　心**

青春が躍動し、命が輝きを放つフラガールのショー（いわき市のスパリゾートハワイアンズ）

励まし合って苦難を乗り越えようとの信念である。

今再び、故郷の危機に直面したフラガールたちは、この草創の原点に立ち返った。

「いまから46年前、私たちの先輩である当時のフラガールが、地域や仲間との絆の力で、炭鉱が閉山になる危機に向かって果敢に立ち上がったように、今度は私たちが立ち上がります」と。

「震災で傷ついた日本中の人たちに、被災地から元気を届けよう」。キャラバンはさっそく5月からスタートし、東北をはじめ全国125カ所で247公演をやり遂げた。

「初舞台を踏むときと同じくらい緊張した」（サブリーダーの工藤むつみさん）のは、同郷の人たちが身を寄せる地元・いわき市内の避難所での慰問公演だった。独特の空気が漂うその場の重苦しい雰囲気に戸惑い、心が揺れた。

「ここで華やかな衣装を着て、笑顔で踊っていいものか」「あまりに場違いなのではないか」。さまざまな思いを交錯させながら、それでも彼女たちは、ひたむきに、元気に、明るく、華麗に舞った。

すると、顔見知りのおじいちゃんもおばあちゃんも、若い母親も小さな子どもたちも、誰もが口を揃えて言ってくれた。「来てくれてありがとう」

「私たちが人を勇気づけられるのなら、精いっぱい頑張ろう」。決意がいや増した。

## 避難先での公演<br>「人間として強くなれた」

現在、チーム・リーダーを務めるモアナ梨江（本名・大森梨江）さんにとっては、埼玉県加須《かぞ》市の高校の体育館での公演が忘れられないものとなった。ここには原発事故で立ち入り禁止となった双葉《ふたば》町の住民が避難していた。モアナさんも双葉町出身。複雑な心境のままに、大きな葛藤のままに、当日を迎えた。

けれど、故郷の友人や近所に住んでいた人たちは、モアナさんの舞にひときわ大きな声援を送り、涙ながらに拍手を送ってくれた。

「生涯忘れ得ぬ出来事となりました。みん

2012年2月8日、待望のグランドオープン

な、本当に喜んでくれて、逆に励ましてもらって……。フラガールとして、一人の人間として、自分自身も強くなれた瞬間でした」

こうして、フラガールの〝負けじ魂〟が、故郷いわきに、東北の被災地に、列島中にと千波万波となって広がっていった。その波動に乗ってハワイアンズも10月に一部を、翌年2月には全面再開にまでこぎ着けた。

懸命に走り続けた震災からの日々を振り返りながら、モアナさんは語る。

「少しでも早く被災地の復興が進むように願いながら、これからもたくさんの笑顔と元気を届けていきたい。それが私たちの使命だから」

震災から3か月後、故郷の福島・双葉町の人たちが避難生活を送る埼玉・加須市の高校を訪問するモアナさん

## 彼女たちの思いが〝ふるさとの歌〟に

1時間のショーの中盤、美しい調べが客席を優しく包み込んでいく。『アイナふくしま』。アイナとはハワイ語で「ふるさと」の意味。フラガールたちが持ち寄った思いを歌詞にして、13年1月に作られたオリジナルソングだ。

〽生きているかぎり
なんども　なんどでも
人は立ち上がれる　強くなれる　必ず
決して忘れない　あきらめない　心
笑顔で踏み出す　新しい一歩

「元気をありがとう」。訪問する先々でフラガールに寄せられた言葉

やがてステージはフィナーレへ。お馴染みの『フラガール～虹を～』のメロディーに合わせて、メンバー全員が、降り注ぐライトを全身いっぱいに浴びて優雅に舞う。

〽雨上がりの虹を追いかけた
　黒い瞳に映る光を

ともに口ずさむ会場の人たち。避難生活を重ね、震災後初めて来場したという、いわき市在住の親子が頬を伝う涙を拭うのも忘れて誇らしげに語った。「彼女たちこそは故郷の宝」と。

復興を願い練習に励むフラガールたち

奇しくも今年2014年は、フラガール養成学校の誕生から50年の節目。先輩から受け継いできた伝統を胸に、復興への祈りを笑顔の舞に託して、ステージいっぱいに群舞する総勢40人のフラガールたち。東日本大震災から3年半を迎えた今もその姿に変わりはない。

命みつめて⑪

# 岩手・釜石市

# 生きっぺし！ 美しい浜を取り戻すまで

岩手・釜石市《かまいし》

## 岩崎 昭子さん

岩手県釜石市根浜《ねばま》海岸で４年ぶりに復活した「釜石はまゆりトライアスロン大会」。出場者に声援を送る住民の中に、大漁旗を力いっぱい振りながら、太陽のような笑顔を見せる岩崎昭子さん（58）の姿があった。

「もう一度、根浜海岸でトライアスロンを」。2014年８月３日、岩崎さんの願いが叶った（岩手・釜石市）

## 世界最大級の災害に遭ったのだから世界で一番の頑張りを見せたい。賢治がめざした「イーハトーブ（理想郷）」を震災でズタズタにされたこの地にこそつくりたい。

抜けるような青空と澄んだ海。午前9時、ラッパが鳴ると、選手たちは一斉に海に飛び込んでいった——。

２０１４年８月３日、釜石市の根浜海岸で、４年ぶりに「釜石はまゆりトライアスロン大会」が復活した。

「ガンバレー！」

ひときわ声を張り上げる女性がいる。海岸沿いに立つ老舗旅館「宝来館《ほうらいかん》」の女将、岩崎昭子さんだ。

「うれしくてしかたがない。もう一度、この地でトライアスロンを、という願いが叶った」

### 津波にのみ込まれた白い砂浜、美しい松林

延長２キロに及ぶ白い砂浜と、美しい松林で知られる根浜海岸は「日本の白砂青《はくしゃせい》松《しょう》１００選」にも選ばれた景勝地。遠浅で、普段は穏やかな海だが、３年５カ月前の〝あの日〟は違った。

＊

「早く逃げて！」

２０１１年３月11日午後２時46分、天変地異でも起こったかのような揺れに、岩崎さんは客や従業員らと旅館の裏山の避難道を駆け上がった。しかし、振り返ると、近所の女性二人が逃げ遅れている。迎えに行き、裏山に戻る直前で、あっという間に押し寄せた津波にのみ込まれた。

その瞬間に目にした光景は、意外にも、透明な水の向こうに広がる明るい空。「きれ

「うれしくて！」。復活したトライアスロン大会で大漁旗を大きく振り、選手たちを全身で応援する岩崎さん（2014年8月3日　岩手・釜石市）

い……」と見とれた後で、ハッと我に返った。「わたし、まだ生きたい」「生きるんだ」必死に水をかき、流されてきたバスの上に這い上がった。一緒に沈んだ女性も無我夢中で引き上げた。「生きっぺし！」「生きっぺし！」と声を掛けながら。

## 多くの励ましの声に宝来館の再起を誓う

津波は、いつか必ず来ると思っていた。1993年の北海道南西沖地震や、95年の阪神・淡路大震災を契機に、「地震や津波に負けない宿」をめざして大改修をした宝来館は、あの大津波にも流されなかった。震災後16日間、集落の避難所として、最大で150人に及ぶ被災者の命も守った。しかし、4階建ての本館の1、2階は津波で破壊され、別館は全壊。隣接する自宅も流された。美しかった根浜海岸は、地盤沈下で砂浜がほとんどなくなり、松林はがれきで埋まった。

あまりの惨状に、「旅館業はもう無理」と思った。だが、全国から、「また泊まらせてほしい」「根浜と宝来館の再生を信じている」との励ましの声が次々と。「そうだ、あきらめちゃいけない」。〃負けじ魂〃がふつふつと湧き上がった。「もう一度、みんなが集まれる宝来館をよみがえらせる！　あの宝石のように美しかった根浜を取り戻す!!」

ひとたび決意を固めた女性ほど強い存在はない。泥の中から図面を探し出し、資金繰りに奔走。銀行に融資を断られるなど、何度も壁にぶち当たったが、一つ、また一つと乗り越えていった。そして、震災の年の夏には復旧工事がスタート。翌12年1月に〃新生・宝来館〃として営業再開を果たした。

## 精いっぱい生きなきゃ 語っていかなきゃ

再出発の日から2年7カ月。いま、岩崎さんは宝来館で毎朝、震災の体験を語っている。

「津波で、私たちの集落にあった家は1軒を残して全部流されました……」

じっと聞き入る浴衣姿の宿泊客たち。宝来館や釜石の街を襲った津波の映像が映し出されると、うめくような声も漏れた。

岩崎さんは、震災当時を振り返るだけでなく、復興へ向けた取り組みなど、ふるさとの「これから」も熱く語っていく。震災後、より安全な浜をめざし、地元の森林組合に協力を要請して、車イスでも上れる新たな避難路を宝来館の裏山に整備したことなども報告。「この地を、日本中から人の集まる素晴らしいふるさとにしたいんです。それが、あの日、亡くなった人たちの願いでもあると思うから」と訴える。

宝来館のある鵜住居《うのすまい》町地区では、約580人が亡くなった。その中には、当時の板長など、宝来館の従業員3人も含まれている。

「あまりにも多くの人が亡くなった。生き

▲新しく生まれ変わった宝来館。全国からの励まし、女将の諦めない心が営業再開へつながった
▶より安全な浜をめざし、車イスでも上れる避難路を整備

残った私たちは、その人たちの分まで、精いっぱい、生きなきゃいけない。そして、語っていかなきゃならない」

＊

「世界最大級の災害に遭ったんだから、世界で一番の頑張りを見せたい」。震災後、世界で取材に訪れたテレビカメラに向かって言った言葉だ。女将のこの心意気に応えるかのように、宝来館には多くのボランティアたちが駆け付けてきた。

根浜海岸に大量に打ち上げられたがれきの撤去作業に、北海道などから来た若者たちが汗を流した。復活した宝来館を宿泊拠点とした被災地ツアーが組まれ、全国から多数の人々が来訪。また、世界的な指揮者の佐渡裕さんは、「スーパーキッズ・オーケストラ」の子どもたちを連れて毎年、宝来館前の松林から海に向かって鎮魂のメロディーを奏でている。

## 美しいふるさとの再生を世界中に発信したい

支援の輪の広がりの中で、根浜海岸周辺の復興も力強く進んできた。四半世紀の伝統を誇る「釜石はまゆりトライアスロン大会」の復活は、その象徴ともいうべきもの。震災の年は中止となったが、岩崎さんをはじめとする地域住民の後押しや国内外のトライアスロン愛好家の支援により、翌年は水泳のみで、昨年は水泳とマラソンの２種目で再開。そして、この夏、自転車も加わって、ついに３種目揃《そろ》い踏みの復活を果たした。

こうした中、２０１６年に岩手県で開催される国民体育大会「希望郷いわて国体」でも、根浜海岸でトライアスロン競技が行われることが決定。また、釜石市は、19年に日本で行われるラグビー・ワールドカップ（W杯）の試合会場の候補地として名乗りを上げている。この地は、１９７０年代から80年代にかけて日本選手権で７連覇した新日鉄釜石ラグビー部（現・釜石シーウェイブス）が本拠地とした「ラグビーの聖地」。W杯をめざして新設されるスタジアムは、宝来館からほど近い旧鵜住居小学校、旧釜石東中学校の跡地に建設される予定だ。

岩崎さんの夢は、国体とラグビー・ワールドカップをこの地で成功させ、そして20年の東京オリンピックで、美しいふるさと

「ガンバレ！」とエールを送る

「この地を素晴らしいふるさとに」。出会う人たちにそう語る岩崎さん

の復興の姿を世界中に発信すること。「大きなことを言うようだけど、岩手が生んだ童話作家、宮沢賢治がめざした『イーハトーブ』（理想郷）を、震災でズタズタにされたこの地にこそつくりたい。ふるさとの大切な子どもたちのためにも」

　そう言って唇をきりりと噛みしめる姿に、「亡くなった人たちの分まで、精いっぱい、生きっぺし！」との〝あの日〟の誓いがみなぎっていた。

2014・8・12

再出発から2年7か月、語り部として今も
“震災と未来”を語り続ける

孫のランドセルだけが手元に残った。「いつでも目に留まるところに置いておくんだ」と玄関入り口の壁に掛けている

# 負けてられねぇ じじは強く生きる

岩手・釜石市
鈴木 堅一さん

仮設住宅の入り口をくぐると、壁に掛けられたオレンジ色のランドセルが目をひいた。ここに一人で暮らす鈴木堅一さん(70)は、優しい目でランドセルを見上げた。

「ほかは全部流されちまったから……。これだけは、いつでも目に留まるところに置いておくんだ」

少しくたびれた、女の子用のランドセル。脇には、人気女性アイドルグループのキーホルダーがついている。持ち主のあこがれだったのだろうか。

「誰かが見つけて、預かり所に届けてくれたんだ」

鈴木堅一さんは淡々と語った。3・11の大津波は、鈴木さんから妻と長男夫婦と、そして孫娘を奪い去った。

## 「無事でいてくれ……」その思いもむなしく

岩手県釜石市の鵜住居《うのすまい》町に暮らす鈴木さんはあの日、妻の信子さん（当時64）と、消防署員で非番だった長男の健幸《けんこう》さん（同44）、奈津子さん（同45）夫妻と自宅にいた。午後2時46分。経験したことのない激しい揺れが4人を襲う。

「津波が来るぞ」。消防団の本部長を務めていた鈴木さんは、法被《はっぴ》を身にまとった。健幸さんは、一人娘の理子《りこ》ちゃん（同11）を迎えに、鵜住居小学校に向かうという。「気をつけて行けよ」「親父もな」――父と子が交わした最後の言葉だった。

鈴木さんは水門を閉めに海岸へ。到着してすぐ、防潮堤を乗り越えてきた津波から間一髪で逃れた。地元に戻ろうと数時間かけて山越えをしている途中、自宅付近を見下ろすと、一面が湖になっていた。自宅は、屋根がわずかに見えるだけだった。まさかここまで津波が来るとは……。

「無事でいてくれ」

＊

震災から4日目、道路のがれきが撤去され、自宅に戻ることができた。親子でお金を出し合い、6年前に建て替えた家は、津波に流されずに残っていた。しかし、突き刺さったがれきで、中に入っていけない。途方に暮れていると、自分を呼ぶ声が聞こえた。

「じじ！」――理子だ。自宅の2階を見上げると、風もないのに、窓に掛かったボロきれが揺れている。そして、また声がした。「お父さん！」。妻の声だった。「誰も信じないけど、確かに聞こえたんだ。それで分かった。2階にいるんだって」

7日目、外国のレスキュー隊が、2階の子ども部屋に足を踏み入れると、4人は寄り添うように亡くなっていた。最後まで家族を守ろうとしたのだろうか。健幸さんは両腕を大きく広げていた。「息子には、ありがとう、って声を掛けたよ」

**家族が住んでいた証に**
**ここにもう一度家を建てるつもりだ。**
**それまで、じじは頑張る。**
**みんな、もう少し待っててな。**

## 逝った家族を悲しませたくない だから強く生きなくては

鈴木さんは、生まれも育ちも釜石市。中学を卒業後、市役所の運転手として42年間にわたり勤務した。妻の信子さんとは23歳で結婚。評判のおしどり夫婦で、定年後はどこに行くのも一緒だった。長男の健幸さんは、消防署に勤め、救急救命士として活躍。親分肌で、多くの後輩に慕われていた。物静かな性格だった嫁の奈津子さんは、いつもおいしい手料理を家族に振る舞った。

そして、小学5年生だった理子ちゃん。「一人っ子で、わがままで。きかなくて」。親に叱られると、「じじと寝る！」と言って布団にもぐり込んできた。口げんかもよくした。「かんしゃくを起こすと、くそジジィとか、ハゲって言うんだ」「夢でもいいから、あの時のように、もう一回呼んでけろって思うんだけどね。全然、呼んでくれねぇ」。孫の

家族４人の遺影を前に、孫の形見のランドセルを見つめる鈴木さん。
「誰かいる時は笑って話してるけど、一人になると黙っていても涙が出てくるんだ」

写真を見つめる鈴木さんの目に、涙が浮かぶ。

震災から21日目。盛岡市の火葬場で、家族の遺体を荼毘《だび》に付した。一人で、４人の骨を拾った。「一人拾ったら、また一人と。流れ作業みたいだったよ。……あんな思いは、もう誰にもさせたくねぇな」

＊

昨日まで一緒にいた家族を、一瞬にして失う。その喪失感、絶望感はどれほどのものだったろう。しかし、鈴木さんは消防団員として救援の最前線に立ち続けた。遺体の捜索や身元確認、物資の搬送などに没頭した。消防団の屯所への泊まり込みは、震災から2カ月以上にも及んだ。「天災だから、誰をうらむわけにもいかねぇ。自分の責任は、果たさないとな」

先に逝った家族を悲しませないためにも、生き残った自分が強くあらねば――。そんな意地が、言葉の端々ににじむ。鈴木さんは２０１２年４月に市消防団の副団長に就任。８人が殉職した消防団の再建に取り組む。13年12月1日には、釜石市を視察に訪れた安倍晋三首相に対して、山崎長栄団長（公明党市議会議員）とともに「消防団の存続へ、国の力添えを」と訴えた。安倍首相は何度もうなずきながら語った。「消防団の活躍で、多くの尊い人命が救われた」

## 新しい家には
## 孫の理子の部屋もつくるんだ

更地が広がる鵜住居町。その一角に、雑草がきれいに刈り取られている土地がある。鈴木さんの自宅があった場所だ。

震災後、「家族が住んでいた証に」と庭に植えた数百本のひまわりは、この夏も大輪の花を咲かせた。鈴木さんは、ここにもう一度、家を建てるつもりだ。鵜住居町の復興計画では、土地を数メートルかさ上げして宅地を整備する計画になっている。「家はもとの場所に再建しないと、亡くなった人に申し訳ないもの。小さくてもいいから、早く建てて、仏さんを落ち着けてやるんだ」。新しい家には、理子ちゃんの部屋をつくり、家族の位牌や形見のランドセルを置く。「理子の部屋だけはつくってあげないとな。理子は、うれしいことも悲しいこともこれからだから」

鈴木さんの自宅跡地。震災後に植えたひまわりは、今年も大輪の花を咲かせた

＊

２０１２年６月、自宅近くの高台にある

安倍首相（左）に消防団の震災対応を報告する鈴木さん（右から3人目、2013年12月1日　釜石市消防団提供）

寺に、一家の新しい墓を建てた。震災後に国から支給された家族4人分の災害弔慰金のほとんどを建設費用に充てた。墓石には、ピースサインをしてほほえむ理子ちゃんたちの遺影が刻み込まれている。毎朝、5時半に起きて、線香をあげにいくのが鈴木さんの大事な日課だ。

市内に住む次男は、「親父、黙ってこっちに来い」と言い、高校生と小学生の二人の孫も「じじ、一緒に住もう」と言ってくれる。だが、甘えるわけにはいかない。「じじにはまだ、やることがあるから」と、仮設住宅で一人暮らしを続ける。同年春に、糖尿病と診断されて以来、野菜中心の食生活に切り替え、1日1時間以上のウオーキングも続けている。「みんなの家を建てるまで、負けてられねぇ。じじは頑張る。みんな、もう少し待っててな」

仮設住宅を出る鈴木さんの後ろ姿を、理子ちゃんのランドセルが静かに見送った。

2013・12・11

# 形見のヘラを抱きしめて「もう一度、俺もこの地で がんばるぞ」

宮城・石巻市
尾形 勝壽《かつじゅ》さん

鉄骨だけの建物跡に黄色いキッチンカーを止め、ハンチング帽姿の男が焼きそばを炒めていた。厨房に飾られた写真には、女性がほほえんでいる。男――尾形勝壽さん（68）は、心から花を愛しているのだろう。雑草だらけの空虚な光景の中、店のまわりだけはよく手入れされた色とりどりのコスモスやラベンダーが優しく揺れていた。

尾形さんも「がんばろう！石巻」の看板に励まされた一人

## 来る日も来る日も
## 妻の消息を尋ね歩いて

「お父さーん、ほれ津波だ！」

尾形勝壽さんが聞いた妻・きみ子さん（当時59）の最後の言葉だった。

夫妻は約40年間、宮城県石巻市門脇《かどのわき》町に自宅兼店舗を構え、「札幌ラーメン味平」を営んできた。二人の娘を育て上げ、時には夫婦で映画を見に出掛けたり、旅行したり……。そんな平穏な生活を奪い去った〝あの日、あの時〟をうらんでいないと言ったらウソになる。

そう、２０１１年3月11日午後2時46分。激しい揺れに、店中の食器が落下し、砕け散った。

「母ちゃん、ガラスはこの袋に入れて」。片付けているうちに「ドカーン」と天と地が引き裂かれるような轟音と衝撃がしたかと思うと、見る見る真っ黒い水がせり上がってきた。

尾形さんは「洗濯機に入れられたように」津波にもてあそばれた。意識が遠のく中、無我夢中で手を伸ばすと流木に手が届き、一命を取り留めた。辺《あた》りは火の海。まさに地獄絵そのものだった。

頭から血を流し、肋骨が折れ、激痛を感じながら避難所となった市立石巻中学校で妻の姿を探した。そこで一夜を過ごした翌日、ほかの避難所へ足を運んだ。

「きみ子を見なかったか?」。知人とすれ違う度、問い掛けるが誰も行方が分からない。「人が集まる所に行けば、妻の消息が分かるかもしれない」

妻を見つけたい一心で市立女子高校へ赴き、教員に頼み込んでテーブルと椅子、コピー用紙とペンを借り、玄関前の路上に陣取った。妻を探すうちに知り得た支援情報を、30枚を超える〝壁新聞〟として書き上げ、感謝されたが、妻を見たという人は現れなかった。

## 「父ちゃん、頑張って」ヘラを叩くと妻の声が

「どうして一緒に逃げてくれなかったの……」。目に涙を溜めて訴える次女の洋子さん(36)には、返す言葉もなかった。「あの時、早く逃げろと言っていれば……」。自責の念から「死んだ方がまし」とさえ思った。商売を再開させる気力も完全に失っていた。

そんな3月下旬、奇跡が起こる。洋子さんと店の跡地に足を運んだ時、がれきが山積みとなり、焼け焦げた調理室から、妻が愛用していた焼きそば用のヘラ2本が無傷で見つかったのだ。カーン、カーン……。尾形さんが無心で2本のヘラを叩くと、心地よい金属音がこだました。なぜか、涙が流れた。草葉の陰から「父ちゃん、頑張って」と声を掛けられたようにも思えた。

そんな父の姿に、娘の洋子さんがほほえみながら話し掛けた。「お母さんが、また、焼きそば焼けって言ってるんじゃないの!」。その瞬間、心の暗雲が晴れた。

奇跡は、またも訪れた。店の庭で津波をかぶって枯れたバラが赤い花を咲かせたのだ。きみ子さんが大好きだったバラ。愛情と情熱を表すその花言葉のままに、尾形さんは、きみ子さんの笑顔と懐かしい日々を思い起こした。

＊

尾形さんは石巻沖に浮かぶ田代島に生まれ育った。マグロ漁船に乗った後、25歳の時、島の青年たちとホヤの養殖に挑んだ。成功は目前だったが、台風並みの低気圧による波浪で養殖施設は壊滅。〝暴れた海〟の前に青春の夢はついえた。

「今に見ていろ!」。陸に上がった海の男は、料理の世界に飛び込む。弱冠26歳。「でも一人でやるのは無理だな」と考えた時、高校時代の下宿先の娘の姿が頭に浮かんだ。「ラーメン屋をやりたいから、一緒に手伝ってくれ」。当時20歳だった、きみ子さんへ

愛用していた2本のヘラが
無傷で見つかった。
「父ちゃん、焼きそばを焼いて！」
母ちゃんがそう言っているようでな。

きみ子さんが愛用したヘラで焼きそばを焼く尾形さん。傍らには、きみ子さんの写真がほほえんでいる

のプロポーズの言葉だった。「いいですよ」。はにかむように頷《うなず》く姿が今も尾形さんのまぶたに焼き付いている。

「お互い海育ちだから気が合うべ」。夫婦で力を合わせ、7年目には、自宅兼店舗を建てた。きみ子さんも幼子を背負って、たびたび店に立った。

## 妻の人気メニュー
## 「石巻焼きそば」で再出発

「二人が懸命に生きた証をなくしたくない」。尾形さんはキッチンカーを手に入れ、12年7月21日から店の跡地で「石巻焼きそば味平」として再起した。「石巻焼きそば」は、石巻独特の二度蒸しして茶色くなった麺と肉、野菜を炒め、サバ出汁を加え、目玉焼きを乗せた〝ご当地グルメ〟。「俺が作るラーメンよりも、母ちゃんが作る『石巻焼きそば』の方がね、人気メニューだったんだよ」。尾形さんは照れくさそうに話す。

凛たる「ど根性ひまわり」。2014年に4世が咲いた

＊

壊れた家屋が撤去され、更地が広がる門脇町。尾形さんの店の道路を挟んだ反対側には、石巻復興のシンボル「がんばろう!　石巻」の看板がある。住居兼店舗を構えていた黒澤健一さんが、仲間たちと震災から1カ月後の4月11日、「津波に負けない」「地域の人たちの励みになれば」と作ったものだ。荒野に毅然《きぜん》と立つ看板を目にした尾形さんは、心の中でこう誓った。「もう一度、俺もこの地でがんばるぞ」

震災の年の夏、看板のそばに、どこからか津波で流れ着いたひまわりの種がヘドロにも塩害にも負けずに芽を出して、立派な花を咲かせた。この花は「ど根性ひまわり」と名付けられ、毎年夏に看板のまわりに咲き誇る。「励まされた一人だから」という尾形さんも、愛情を注ぐように、ひまわりに水やりをする。

## 被災地を忘れないで
## 「ありがとうハウス」を店に

「被災地が忘れられないようにしたい」。

尾形さんは、二人の思い出が詰まった店の鉄骨を一日でも長く残したいと考えている。そして、訪れた人がメッセージを木のプレートに描くことができる「ありがとうハウス」を企業やＮＰＯの協力で店内に設置した。そこでは、連日、全国各地から訪れた人たちが尾形さんの被災体験に耳を傾け、「いつまでも覚えています」「一日も早い復興を」「笑顔があふれますように」と思い思いの言葉をプレートに綴っていく。その数は４００を超えるまでになり、被災地とそれを応援する人たちをつなぐ「民間の震災遺構」となっている。

　また、住民の心の安らぎになればと、周囲に花を植え始めた。すると全国から種や苗が届いたり、花壇作りを手伝うボランティアが連日のように訪れるようにもなった。もちろん尾形さんはバラの花を一番目立つ場所に植えている。

「花が大好きだった母ちゃん、喜んでるかな。ありがとう」。そう呟《つぶや》くと、フォトフレームのきみ子さんが頷《うなず》いた気がした。

　厨房には、勝壽さんときみ子さんが寄り添うように、２本のヘラが綺麗に磨かれ、置かれている。

２０１３・11・12

▶ハウスの壁には、被災地を訪ねた人たちのメッセージをしたためたプレートが、ぎっしり

▲店の跡地にキッチンカーを置いて「石巻焼きそば味平」をオープン。その一角には、「ありがとうハウス」を設置。尾形さん自らが語り部となって話すことも

命みつめて⑭

# 宮城・女川町

20歳までに全集落に石碑を建てるのが、私たちの目標（共同）

## 悲惨を知った
## だからこそ私たちが
## 千年後の命を守る

宮城・女川《おながわ》町
### 女川中学校の生徒たち

宮城県女川町の町立女川中学校の校庭に立つ、高さ2・2メートルの「いのちの石碑」。この春、同校を巣立っていった67人の生徒たちが残したものだ。

碑の中央に「千年後の命を守るために」の文字が眩《まぶ》しく輝き、左脇には〈夢だけは　壊せなかった　大震災〉の一句が刻まれている。

「頑張ったね」「君たちの想いはずーっと伝え続けるよ」。そう囁《ささや》き掛《か》けるかのように、春風が優しく周囲を舞った――。

＊

「いのちの石碑」の碑文は、横書きで15行314字。〈これから生まれてくる人たちに、あの悲しみ、あの苦しみを、再びあわせたくない!!〉と記した後、〃未来の命たち〃にこう呼び掛ける。

〈もし、大きな地震だったら、この石碑よりも上へ逃げてください〉

〈逃げない人がいても、無理矢理にでも連れ出してください〉

〈家に戻ろうとしている人がいれば、絶対に引き止めてください〉

そして結び――。

〈今、女川町は、どうなっていますか?

悲しみで涙を流す人が少しでも減り、笑顔あふれる町になっていることを祈り、そして信じています〉

碑はこれまでに町内5カ所に完成。子どもたちは卒業後も活動を続け、20歳までに町内全21集落の津波到達点に建てる計画だ。

＊

あの日、最大20メートル余にも達した東日本大震災の大津波は、瞬《またた》く間に町をのみ込み、破壊し尽くした。死者・行方不明者827人。人口の1割弱にも及んだ。町の全住宅4411棟も軒並み被災し、7割近い2924棟が全壊した。

女川中（当時は女川一中）の生徒たちも、多くが自宅を流され、家族を失った。逝っ

町そのものが破壊された女川町だが、倒壊した一部の建物を除き大半が撤去され、急ピッチで復旧・復興が進む（2014年4月29日）

女川中の生徒たちが校内に建立した「いのちの石碑」第1号（共同）

てしまった友もいた。母を亡くした女生徒は、俳句の授業でこう詠んだ。

〈逢いたくて　でも会えなくて　逢いたくて〉

家族を亡くした同級生の悲しみに思いを馳せた子もいた。

〈ただいまと　聞きたい声が　聞こえない〉

＊

深い悲しみの中、入学式が4日遅れで行われた。だが、教科書もなければ、鉛筆、ノートもない。どう授業を始めろというのか。先生たちも迷っていた。

新入生の担任、阿部一彦教諭（47、現・気仙沼市立唐桑《からくわ》中教頭）は、一人一人の手を取り、「入学、おめでとう」の代わりに「よく来たね」と声掛けた。制服は流され、皆、私服で避難所から登校していたのだ。子どもたちの頬を涙が濡らした。

社会科の最初の授業。阿部先生は黒板に「故郷のために何ができるかを考えよう」と

**今、女川町は、どうなっていますか？悲しみで涙を流す人が少しでも減り笑顔あふれる町になっていることを祈りそして信じています。**

書いた。辛《つら》い記憶を呼び覚まし、かえって子どもたちを苦しめることにならないかと脅えながら。

だが、生徒たちは一瞬の躊躇《ちゅうちょ》の後、それぞれの思いを紙に書き始めた。「水産業を復活させたい」「観光業を再生させたい」「津波の歴史を学びたい」、そして「後世に教訓を伝えたい」とも……。3・11を直視し、前へ進もうとする〝小さな命たち〟の姿に、先生は震えた。勇気をもらった。希望を見つけた。

よし、やろう！「いのちの石碑」など自分たちの津波対策づくりへの一歩が踏み出された瞬間だった。

## 「ぼうさい甲子園」でグランプリに輝く

その年の秋、子どもたちの話し合いは佳《か》境《きょう》を迎え、「逃げる」を津波対策の柱にする方向でまとまりかけていた。と突然、一人の女子生徒が声を上げた。「違うよ」。見ると、肩を奮わせ、涙をこぼしている。「逃げようと言っても逃げない人がいる。そういう人にはどうするの？」。地区の行政区長だった彼女の祖父はあの日、逃げようとしない人たちに避難を呼び掛け続け、犠牲となったのだった。

話し合いがまた始まった。そうして出来上がったのが、①住民同士が助け合える絆づくり②高台へ避難できる町づくり③記録に残す――の三本柱からなる「私たちの津波対策案」。町長や大学、企業、閣僚らの前でも発表され、兵庫県などが主催する「ぼうさい甲子園」ではグランプリに輝いた。

２０１２年夏に仙台市で開かれた「世界防災閣僚会議」でも、親族４人を失った勝又愛梨さんと今野怜美さんが紹介し、各国の防災担当閣僚らをうならせた。

## 町に希望を届けたすごい子どもたち

未来へと生きる若アユは、立ちはだかる艱難《かんなん》にも勇躍、飛翔する。

「記録に残す」の一環として始まった「いのちの石碑」プロジェクト。最大の難関は費用１０００万円をどう調達するか。若アユたちは思索し、話し合い、そして果敢に行動に打って出た。１００円募金活動。町・県内はもとより、東京への修学旅行の際にも街頭に立った。親たちも「支える会」をつくり、全国に協力を呼び掛けた。

「募金で１０００万円も集めるなんてすごい。僕らも先輩に続く」。卒業を前にした今年2月、校内で開かれた活動引き継ぎのための集会で、下級生の代表はそう叫んだ。阿部先生も「どれだけ町に希望を届けたことか。本当にすごい子どもたちです」

## 今の気持ちを素直に言葉にしてみよう

財団法人「日本宇宙フォーラム」の協力を得て震災直後から取り組んできた俳句作りも、同校の伝統となって今も続いている。
指導の中心にいたのは、国語担当の佐藤敏郎教諭（50、現・東松島市立矢本二中防災主幹教諭）。町の色がまだ、どす黒く淀んでいた11年5月、「今の気持ちを素直に言葉にしてみよう」と呼び掛けた。子どもたちは、あるがままの自分を詠んだ。悲しみを、衝撃を、負けじ魂を——。
〈ぴーちゃんの　笑った顔に　また会いたい〉
〈見たことない　女川町を　受けとめる〉

俳句作りを通して震災に向き合う生徒たち

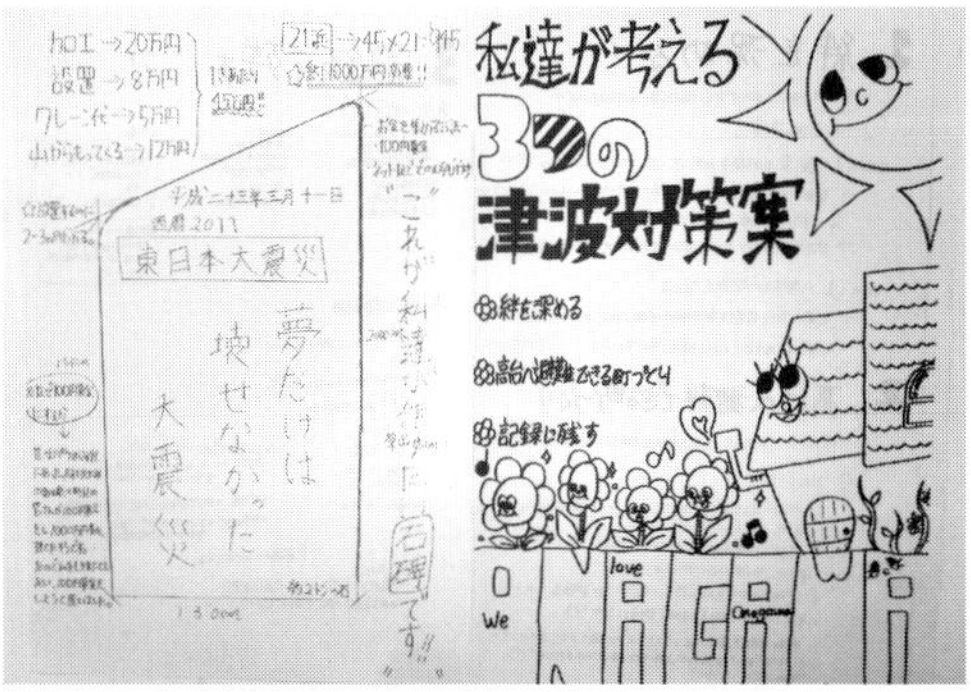

生徒たちが話し合いの中でまとめた「私たちの津波対策案」

〈故郷を　奪わないでと　手を伸ばす〉
〈見上げれば　ガレキの上に　こいのぼり〉……。

## 〃命を守る〃と言える君たちは最高に格好いい

「辛《つら》く悲しい現実に向き合うことの大切さを、私が子どもたちに教わった。だから、今年2月の集会で皆に言ったんです。〃命を守る〃と堂々と言える君たちは最高に格好いい、君たちは町の人を動かし、この町に花を咲かせたと」。石巻市立大川小の6年生だった次女を津波で亡くした佐藤先生は、こう振り返る。

「一波万波を呼ぶ」ごとくに、生徒たちの句は全国の中学・高校に反響し、励ましの「下の句」が次々と届いた。NHK国際放送局の電波に乗って海外にも飛び、49の国・地域から800を超える詩が送られてきた。生徒たちはそれら一つ一つも七七調の「下の句」に〃意訳〃して送り返した。

こうして女川中の生徒たちの「五七五」と、国内外の中高生たちによる「七七」とが一つになり、数百本の「連句」が完成。立場を越え、国境を越え、美しい友情と強い絆で結ばれたこれらの作品は全てDVDに収録され、12年夏、国際宇宙ステーション「きぼう」にも打ち上げられた。

〈おらだつの　俳句が宇宙へ　飛んでゆく〉

2014・5・12

# 〝あの日〟から句を詠む

俳句を指導した教諭が励ました。「季語にこだわらず、自由に考えてごらん。がんばろうという言葉を使わずに、がんばろうと伝えてみよう」と。そして生まれた生徒たちの句である。

会いたいよ　今も変わらぬ　この気持ち

そばにいる　仲間がずっと　そばにいる

忘れない　あの日の夜の　星空を

ただいまと　聞きたい声が　聞こえない

うらんでも　うらみきれない　青い海

春風が　背中を押して　ふいていく

津波を思い出して五七五を詠む級友たちの姿を思った。前を向かなくてはいけない。でも、自分たちでは前へ進めない。誰かに背中を押してもらわなければ、振り返ってしまう。春風に願いを込めた。

夢にまで　勉強しろと　言ってくる

工事中　沈む私の　応援歌

仮設住宅の建設が始まった。父は〝長い旅〟に出た。そう思うようにした。悲しみに沈む母の胸にはすがれない。一人きりになって泣いた。

あの時から　一日を大事に　過ごす日々

見たことない　女川町を　受けとめる

流された　私のおうち　ガレキ置き場

逢いたくて　でも会えなくて　逢いたくて

女川中に学ぶ生徒が小学生のときに作った詩の一節。町の高台に掲げられている

あったかい　音のする　支援のフルート

コンビニの　まどにきたない　水のあと

避難所で　ハエをたたいて　じじばば笑顔

つらかった思い出を書けば気持ちは落ち込みそうだ。楽しいことを書きたかった。笑って過ごした時があったことも忘れたくない。

何もない　女川町に　桜咲く

配達が　増えた昨日も　また一軒

暗闇で　家のあかりが　ふえてきた

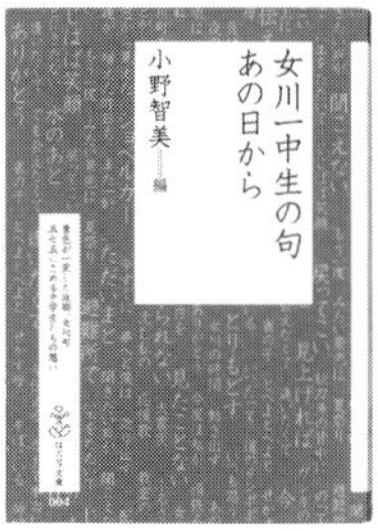


『女川一中生の句
あの日から』
（はとり文庫）

津波が襲ったあの日から――。2011年5月と11月に女川第一中学校で俳句の授業が行われた。故郷を、大切な人たちを失った生徒たちが、震災と向き合う日々のなかで詠んだ五七五を紹介

人間の復興へ
私たちの一歩
岩手発

# 風化の速度を遅らせたい

大船渡《おおふなと》市　大船渡津波伝承館
館長　齊藤　賢治さん

津波の脅威《きょうい》を語り継ぐため、2013年3月11日、岩手県大船渡市に「大船渡津波伝承館」を開館した齊藤賢治さん(65)。「真っ先に避難すれば多くの命が助かったはず」と、自ら撮影した津波の映像や被災体験を交え、語り部として、防災意識の大切さを訴え続けている。

あの日、南三陸の銘菓「かもめの玉子」で知られる、さいとう製菓の専務として、沿岸部の社屋で仕事をしていた。突如襲った激しい揺れ。従業員に避難するよう叫び、自らも高台に。直後、眼下の街はすべてがのみ込まれた。

幸い、高台にあった製菓工場は津波の被害を免れた。工場の本格稼働後、被災地支援も兼ねて訪れる見学者に「あの出来事を伝えることが私の使命」と、体験を語り始めた。

「せっかく語るなら後世に伝えられる施設をつくっては」との周囲の提案もあり、伝承館の立ち上げに着手。多くの人たちの支援を受け、震災から2年目に工場の一部を借りて仮オープンを果たした。将来は規模を拡大し、甚大な被害を受けた沿岸部での開館をめざしている。

これまでに2000人余りが来館。現在は館の運営や来館者への対応を一人で行っているが、新たな語り部の育成にも取り組んでいる。「震災を風化させないことは正直難しい。でも、風化の速度を少しでも遅らせることができれば」。その言葉には、一人でも多くの人に助かってほしいとの思いがあふれていた。

防災意識の向上を訴え続ける齊藤館長

2013・10・7

# 震災の記憶と教訓を後世に

宮古市
語り部 **田畑 ヨシさん**

「最も怖いのは、忘れてしまうこと……」。震災の記憶を風化させまいと、「語り部」活動を続ける岩手県宮古市田《た》老《ろう》地区の田畑ヨシさん、88歳。

あの日、田畑さんは帰宅して一息ついた途端、大きな揺れを感じた。津波が来ると判断して、高台に避難。その直後、「万里の長城」と呼ばれる防潮堤を越えて津波が襲来した。命は守られたものの、中心街にあった自宅は流失した。

8歳の時に体験した昭和三陸地震津波（1933年）をもしのぐ惨劇。財産や数々の思い出が一瞬のうちに奪われた。それでも二度にわたり九死に一生を得ることができたのは、「明治三陸地震津波（1896年）を知る、おじいさんから津波の恐ろしさを聞いていたおかげ」と、感謝してもしきれない。

子どものころ、祖父に教えられた「てんでんこ（＝津波の時はてんでんばらばらに逃げろ）」。「大きい地震が起きたら、津波が来るかもしれない。そうしたら一人でも裏山に逃げろ」と、頑固一徹な性格で口癖《くちぐせ》のように語る言葉が、いつしか幼心に深く刻まれた。

「語り部」の活動は約30年前から。「今度は、おじいさんの教えを孫たちに伝えるのが私の使命」と、昭和三陸地震津波の体験をもとに紙芝居を制作した。大切な母を亡くした悲しみ、祖父にたたき込まれた「てんでんこ」の教え……。自作の物語には「教訓を記憶にとどめてほしい」との思いがあふれている。

請われて始めた小・中学校などでの紙芝居の読み聞かせ運動は、青森市にある長男の自宅に身を寄せている今も続く。

田畑さんが犠牲者を弔って作った「海嘯《つなみ》鎮魂の詩」は、音楽家が曲をつけてCD化。世紀をまたぐ田畑さんと祖父との〝魂のリレー〟は、「3・11」後の日本に確かなバトンをつないでいく――。

（2013・3・10）

《追記》2014年8月、田畑さんの詩が刻まれた石碑が、全国の真心によって田老の海を見下ろす「三陸復興国立公園」の一角に建立された。

ルポ

# 僕らのまちは　僕らで守る！

## 体験学習で郷土愛を育《はぐく》む

大槌《おおつち》町　大槌小学校

## 「ふるさと科」に〝一日入学〟

故郷の復興の担い手を町ぐるみで育てようと、岩手県大槌《おおつち》町の小中学校で新機軸の授業「ふるさと科」が展開されている。〝一日体験入学〟してみた。

久しぶりの海でカニ籠を引っ張り、はしゃぐ子どもたち

津波は弁天島の木の枝まで来た

### ▼久々の海

「ワーッ、海だーッ！」。久しぶりに見る故郷の海に子どもたちの笑顔が弾ける。

6月25日、町内の若手経営者らの集まり「はまぎく若だんな会」の引率で、町内一美しいといわれる弁天海岸を訪れた大槌小学校の3年生約60人。砂浜に着くと、先を競うように一斉に駆け出し、さっそく貝殻を拾い集めたり、砂山を作ったり。

そんな子どもたちの姿を嬉しそうに見つめながら、クラス担任の大橋経代先生は語る。「震災以来、子どもたちは、ほとんど海に近づいていない。拒否反応を起こさないか、ちょっと心配だったけど、心から楽しんでいる姿にほっとしました。やっぱり、子どもたちは自然が大好きなんですね」

### ▼自然を体感

子どもたちは、若だんな会が準備した「カニ籠《かご》」を使っての漁にも挑戦した。みんなで力を合わせて籠を引っ張ると、中にはあふれんばかりのカニや地元で捕れる魚介類が。「きゃー！」と怖がる女の子もいれば、たくましく素手でカニや魚をつかむ男の子も。

「大槌の海ってすごい！　こんなにも自然の恵みがあるんだもの」。甘酸っぱい潮風を胸いっぱいに吸いながら、女子児童が故郷の豊かさに胸を張った。

カニ籠漁が終わると、子どもたちは津波のツメ跡が今なお残る弁天島へ。若だんな会の芳賀光会長が一本の木を指さす。

「あの枝に引っかかっているロープとブイが見えるかな？　あそこまで波が来たんだよ」

子どもたちが目を丸くさせて驚くと、「そう、海は津波があって怖い場所」と続ける。そして少しおどけた顔で「でも、それだけじゃなくて楽しいところもたくさんあるんだよ」とにっこり。「だって、きょう楽しかったでしょ」と聞くと、「はーい！」と全員の手が勢いよく挙がった。

校長先生の声

## 衝撃の震災体験
## だからこそ勇気の子に

大槌小校長 **菊池啓子** さん

東日本大震災は大槌の子どもたちの生活・学習環境を一変させました。

親を亡くした子もいます、家を流された子もいます、今なお4割の児童が仮設住宅に住んでいます。あの日から3年以上が過ぎ、被災者間に格差が出てきていることも、子どもたちは敏感に感じ取っています。

そうした環境の変化に、この3年間、子どもたちはどれほどおびえ、苦しみ、あえいできたことか。でも、いや、だからこそ、私は子どもたちに呼び掛け続けてきました。

「勇気を出して自分も変わろうよ」「弱い自分を乗り越えようよ」と。そんな呼び掛けが少しずつ少しずつ実を結び、大槌の子どもたちは確実に強くなってきました。それが何よりの喜びです。

そんな子どもたちの努力に応えるためにも、学校はともかく楽しいところでなくてはいけない。震災4年目を迎えた今、私はそんな思いをますます強くしています。

「ふるさと科」という未来の大槌を創る人材を育てるという壮大なプロジェクトを通して、楽しく明るい学校づくりに汗と涙を流していく決意です。

## ▼「生きる」を学ぶ

「ふるさと科」は大槌町独自の小・中一貫教育カリキュラムで、学校・保護者・地域が連携・協働して授業を進める点が特徴。「郷土愛」「生き方」「防災」の三つを柱に据える。復興・防災を基盤に、その子どもたちの「生きる力」を養い、その〝教育力〟を通して「ふるさと創生《そうせい》」と震災復興を担う人材を育成していこうというわけである。

大槌小では「総合的な学習」の時間を「ふるさと科の授業に当てている。「郷土の歴史や産業を学ぶ中で、復興へ向かう故郷のために自分はどう生きるかを考える場にしたい」と外舘憲子主幹教諭が話すように、カリキュラムには仮設住宅の住民との〝昔話交流〟や、まち探検、米作り、新巻鮭作りの体験のほか、津波学習や避難訓練なども組まれている。

国が応援する「いのちを守る森の防潮堤」プロジェクトの一環として、首都圏の企業の支援の下、ドングリの苗木の育成にも挑戦中だ。子どもたちは泥だらけになりながら、体で「生きる」を学んでいる。

捕れたてのカニを手づかみして見せてくれた

## ▼あの日、そして今

あの日、人口の1割近い1200人以上もの死者・行方不明者を出した大槌町。町内に5校あった小学校も、大槌、大槌北、安渡、赤浜の4校が被災し、児童たちはプレハブ作りの仮設校舎に移った。その後、4校は「大槌小学校」として13年に統合。全児童約400人とともに〝仮学舎〟で歩む、まさにゼロからのスタートだった。

そんな中、新生・大槌小は、「未来の教室を考えよう」プロジェクトや、自分の夢をケーキに表現する「夢ケーキ」作りなど、子どもたちに希望と勇気を与える取り組みを懸命に続けてきた。

そして今年春から始まった「ふるさと科」の授業。今年度は試行期間の位置付けだが、来年度からの本格スタートに向けて、教員も町の人たちも、そして〝主役〟である子どもたちも〝ヤル気〟に燃える。

そう、僕らのまちは僕らで守るとばかりに——。

2014・7・1

# 希望の明日へ

荒々しい岩肌を縫うようにして走る三陸鉄道北リアス線。トンネルを抜けて高台にある堀内（ほりない）駅にさしかかると、車窓には青い海と断崖が織りなす太平洋の絶景が広がる。鉄道は人々を、それぞれの地域を結ぶ架け橋でもある。三陸鉄道の完全復活に復興への期待も高まる

# 夢を乗せて走れ　三陸鉄道全線再開

東日本大震災のあの日、三陸鉄道（本社・岩手県宮古市）は線路や駅舎が津波にのまれるなど、大きな被害に見舞われた。しかし、5日後には一部で運行を開始、被災地に希望と勇気を届けた。以後、国の支援を受けて徐々に運行区間を広げ、2014年4月5、6日には、最後まで不通だった南リアス線の釜石—吉浜駅間（15キロ）、北リアス線の田野畑—小本駅間（10・5キロ）がそれぞれ運行を再開。3年ぶりに全線107・6キロで〝完全復活〟を果たした。

お母さんが作ってくれた「あまちゃん」の衣装を着て陸中野田駅に駆け付けた少女も

▲「復旧おめでとう」「待ってました！」など、祝福のメッセージを書き込む人々。釜石駅で

▶北リアス線の久慈駅では、地元の中学校ブラスバンド部の有志が記念の演奏を

南リアス線の再開記念列車が盛（さかり）駅から吉浜駅へ。レトロ車両が到着すると、ホームに詰めかけた住民から「お帰りなさい！」「おめでとう！」の大歓声が上がった

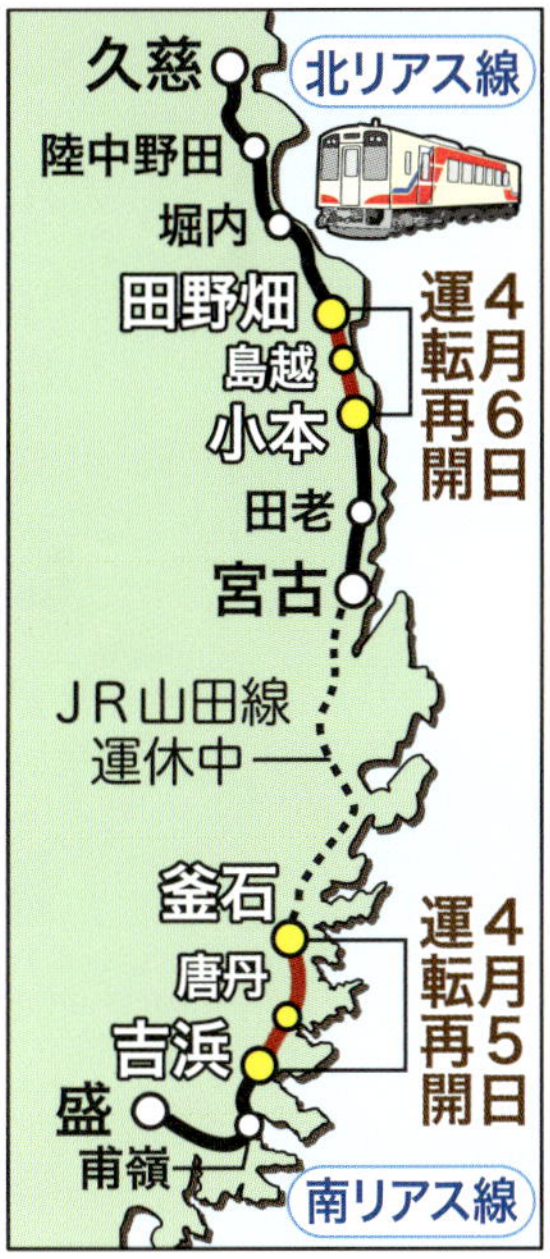

「生まれて初めて買った」という花束を“家族のような運転士”に贈る老夫婦

# 美しい海岸、三陸鉄道は、私たちの希望の宝！

震災後、「廃線」の声も飛び交う中、沿線住民は一貫して「再開」を支持し、無人の駅舎の清掃や観光ボランティアの活動などに汗を流した。この熱意に地元市町村も応え、線路をふさいでいた、がれきを自治体負担で撤去。海外からも「三鉄頑張れ」の声が相次ぎ、クウェートからは車両を購入するための資金支援もあった。住民の熱意が、予想を上回る早期の復旧を可能にした。

▲三鉄は地域の足。朝日が越喜来（おきらい）湾を鮮やかなオレンジ色に染める中、通勤客などを乗せて始発列車が走る

▼NPO法人が運営する「三鉄駅弁列車」。海の幸満載の海鮮丼を頬張りながら絶景を楽しむ乗客たち

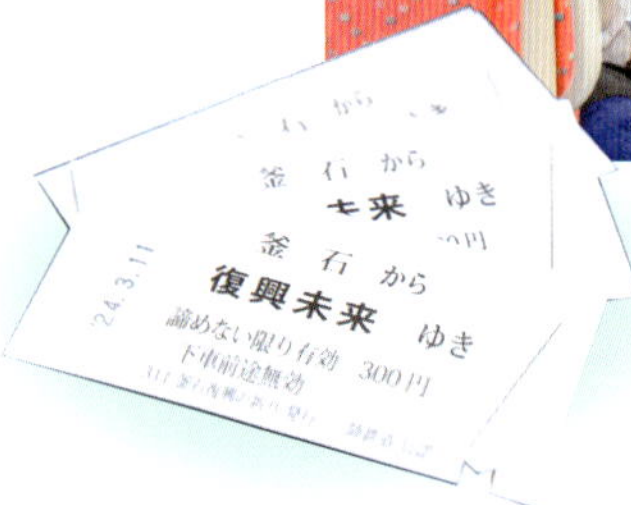


◀三鉄を走らせるために――。震災1年後の3月11日に「釜石から復興未来ゆき」の“切符”を発売し、収益金を三鉄に全額寄付した三塚浩之さん。「三鉄は地域にとって不可欠。復興のシンボル」との信念で復活を応援し続けた

三鉄は私たちの宝！大漁旗を大きく振り、再開した島越（しまのこし）駅へ向かう列車を見送る沿線住民たち

▼切り立った岩山、断崖が続く陸中海岸

田野畑駅の愛称「カンパネルラ」は、宮沢賢治の童話「銀河鉄道の夜」から名付けられた。2012年4月1日、北リアス線陸中野田駅—田野畑駅間が復旧した際に「復興の春」を願い、駅舎の壁面に桜の花が描かれた

◀恋し浜駅の待合室には、「頑張れ三陸」「復興」などと書かれたホタテの貝殻がびっしり並ぶ

# 輝く笑顔を守る
## 君たちこそが希望だ

「放射線量を気にせず遊ばせたい」。福島県伊達市では、市内の小学生を対象に県外宿泊体験活動（移動教室）を 2012 年から開始。この夏、神奈川県川崎市立梶ヶ谷（かじがや）小学校に伊達市立保原（ほばら）小学校の児童たちが集い交流活動が行われた（2014.7.16）

「3.11」に産声を上げた命もあった。今年、３歳になった宮城県気仙沼市の少年と姉。両親は「子どもの存在こそが、前に進む力でした」と語る

原発事故で約２年間を東京で過ごし、故郷の福島県川内村に戻った兄妹。二人が通う小学校の児童数は、震災前の 100 人から 24 人に激減。「早く川内村に帰ってきてほしい！」

▲岩手県宮古市の「おどっつぁんＳ」では、お父さんたちが読み聞かせ活動などに積極的に取り組む。子どもたちは身を乗り出し、瞳を輝かせる

◀「友だちがいるから大丈夫だよ」。カメラを前にはしゃぐ子どもたち。震災から約半年後、福島県相馬市の仮設住宅で

鹿児島市の商店街店主らから贈られたピアノを囲み、喜びを分かち合う宮城県南三陸町立志津川中学校の生徒たち。震災３年目の３月１１日、仮設商店に美しい復興の音色が響いた

# 復興日誌

＊原発事故が起きた福島の動きについては、64ページの「故郷を離れて３・11以後のフクシマ」に記載

## 2011年

■3月

11日　午後2時46分、三陸沖でマグニチュード（M）9・0の地震発生、最大震度7を観測

大津波が太平洋沿岸を襲う。東京電力福島第1原子力発電所（第1原発）の1〜4号機が自動停止

12日　長野県北部でM6・7の地震発生

第1原発1号機で水素爆発（のちに3、4号機でも）

米軍が救援活動「トモダチ作戦」を開始

24日　東北自動車道全線で一般車両の通行が可能に

27日　〈宮城〉名取市閖上漁港の「ゆりあげ港朝市」が、会場を内陸部に移して再開

■4月

4日　〈宮城〉塩釜市の魚市場で競りが再開

7日　宮城県沖でM7・2、最大震度6強の地震が発生、400万戸が停電

9日　〈岩手〉陸前高田市で、被災地で初めて仮設住宅への入居が始まる

29日　東北新幹線の「一関—仙台」が再開し、全線が復旧

再開した気仙沼市の魚市場に活気が戻る

## 2012年

19日　〈宮城〉震災後初の県産イチゴの出荷開始

29日　〈宮城〉気仙沼市の生鮮カツオの水揚げ量が15年連続日本一に

■12月

1日　震災・原発事故避難者対象の高速道路無料化がスタート（12年3月31日まで）

30日　〈宮城〉県内の避難所が全て閉鎖

■1月

31日　〈福島〉原発事故で全村避難した川内村が「帰村宣言」

■2月

8日　〈福島〉いわき市のスパリゾートハワイアンズがグランドオープン

10日　復興庁発足

■3月

17日　〈宮城〉JR仙石線「陸前小野—矢本」、石巻線「石巻—渡波」が運行再開

■4月

1日　〈岩手〉三陸鉄道北リアス線「陸中野田—田野畑」が運行再開

25日　〈宮城〉石巻市の特産「雄勝硯」の採石再開

■6月

20日 東日本大震災復興基本法が成立（24日施行）

被災者を対象とした東北地方の高速道路無料化がスタート（11月30日まで）

23日〈宮城〉気仙沼市の魚市場が再開

26日〈岩手〉平泉の中尊寺などが世界遺産に登録

28日〈宮城〉気仙沼漁港で、震災後初のカツオ水揚げ

■7月

12日〈宮城〉石巻市の魚市場が再開

16・17日 東北の夏祭りが一堂に集まった「東北六魂祭」が仙台市で初めて開催

■8月

31日 自衛隊の大規模震災災害派遣が終了

〈岩手〉県内の避難所が全て閉鎖

■9月

23日 東北新幹線が震災前の通常ダイヤに戻る

25日〈宮城〉仙台空港ターミナルビルが完全復旧し、国際定期便が再開

■10月

1日〈宮城〉仙台市でがれきの仮設焼却炉が本格稼働

24日〈宮城〉南三陸町で仮設魚市場が完成

■11月

2日〈岩手〉宮古市で震災がれきを東京へ搬出する作業が始まる

仙台市で初の東北六魂祭が開催

大槌町でがれきを使用した森の防潮堤工事が進む

30日〈岩手〉大槌町で震災がれきを使い、三千本の苗木を植える「森の防潮堤」が着工

■5月

17日〈宮城〉石巻市の震災がれきが北九州市へ搬出開始

26・27日〈岩手〉盛岡市で第2回東北六魂祭

■6月

14日〈福島〉原発事故の影響で自粛していた相馬双葉漁業協同組合が相馬市沖で試験操業を開始

■7月

16日〈福島〉いわき市の勿来（なこそ）海水浴場で2年ぶりの海開き

28日〈福島〉「相馬野馬追」が2年ぶりに、ほぼ通常の規模で始まる

〈宮城〉JR気仙沼線「気仙沼―柳津」でBRT（バス高速輸送システム）の運行開始

■8月

25日〈福島〉県がコメの出荷段階での全袋検査を開始

■10月

1日〈宮城〉JR東京駅丸の内駅舎を開業当時の姿に戻す工事が完了。ドームの屋根材に石巻市雄勝町の名産・雄勝石が活用された

〈福島〉県内で18歳以下の子どもの医療費無料化が開始

## 2013年

■11月

17日〈宮城〉被災した石巻市の「石ノ森萬画館」が約1年8カ月ぶりに再開

■12月

13日〈岩手〉NHK人形劇「ひょっこりひょうたん島」（井上ひさし作）のモデルとされる大槌町の蓬莱（ほうらい）島で、震災で破壊された灯台が新たなデザインで完成

■3月

2日〈宮城、岩手〉JR大船渡線「気仙沼―盛」でBRTの運行開始

16日〈宮城〉JR常磐線「浜吉田―亘理」と石巻線「渡波―浦宿」で運転再開

31日〈福島〉相馬市で被災地初の災害公営住宅が完成、入居スタート

■4月

1日〈宮城〉山元町で県内初の災害公営住宅が完成、入居スタート

3日〈岩手〉三陸鉄道南リアス線「盛―吉浜」が運転再開

■5月

11日〈宮城〉名取市の名物「ゆりあげ港朝市」が震災から2年2カ月ぶりに現地再開

14日〈宮城〉2015年の国連防災世界会議が仙台市で開かれることに決定

18日〈福島〉旧警戒区域の田村市都路地区で3年

地域の足として活躍するBRT（バス高速輸送システム）

東北再生のシンボル三陸復興国立公園が誕生

## 2014年

転開始

30日 東北太平洋沿岸を結ぶ自然歩道「みちのく潮風トレイル」の一部が開通し、記念式典

■12月

17日〈福島〉伊達地方の名産「あんぽ柿」の出荷が3年ぶりに開通

■2月

22日〈福島〉常磐自動車道・広野インターチェンジ（IC）―常磐富岡IC間（16・4キロ）が約3年ぶりに開通

■3月

1日〈宮城〉震災遺児の心の傷を癒す拠点「仙台レインボーハウス」が完成

31日〈岩手、宮城〉がれき処理が終了

■4月

1日〈福島〉田村市都路地区の避難指示を解除。旧警戒区域での避難指示解除は初めて

6日〈岩手〉三陸鉄道が震災から3年ぶりに全線107・6キロで完全復活

7日〈宮城〉仙台市で災害公営住宅への入居スタート

12日〈岩手〉JR釜石線「花巻―釜石」で蒸気機関車「SL銀河」が運行開始

■5月

8日〈福島〉いわき沖の漁獲物が東京・築地に初出荷

ぶりに出荷をめざした田植え
24日「三陸復興国立公園」が誕生

■6月

1・2日〈福島〉福島市で第3回東北六魂祭
10日〈宮城〉岩沼市の千年希望の丘で植樹祭

■7月

3日〈岩手〉防腐処理されていた陸前高田市の「奇跡の一本松」が復元

■9月

3日〈宮城〉亘理、山元町が整備した「いちご団地」が完成
30日〈岩手〉NHKの連続テレビ小説「あまちゃん」のロケ地となった久慈市の「海女素潜り実演」が大盛況を博し、シーズン終了

■10月

15日〈福島〉帰還困難区域の飯舘村・長泥地区でコメを初収穫
18日〈福島〉いわき市沖で試験操業始まる

■11月

3日〈宮城〉プロ野球日本シリーズで東北楽天イーグルスが勝利、初の日本一に
6日〈宮城〉亘理、山元町に完成した「いちご団地」で収穫されたイチゴの初出荷
10日〈福島〉ご当地グルメの祭典B-1グランプリで浪江町の「なみえ焼きそば」が優勝
11日〈福島〉楢葉町沖の洋上風力発電所の実証運

「あまちゃん」のヒロインらが久慈市の秋祭りに参加

東北楽天イーグルスが日本一に

15日〈福島〉全町避難が続く富岡町でコメの実証栽培がスタート。16日には浪江町で、19日には大熊町でも
19日〈福島〉いわき市漁協でアワビの試験操業を開始
22日〈宮城〉仙台市の荒浜地区で4年ぶりの田植え
24・25日〈山形〉山形市で第4回東北六魂祭

■6月

1日〈福島〉JR常磐線「広野—竜田」(8・5キロ)で運行を再開。避難区域内での鉄道再開は初めて

■7月

19日〈宮城〉塩釜市の浦戸桂島海水浴場が4年ぶりの海開き
26日〈岩手〉大槌町の吉里吉里海岸の海水浴場でも4年ぶりの海開き
31日〈福島〉楢葉町に仮設商店街「ここなら商店街」が開設。避難区域内で初めて

■8月

7日〈福島〉いわき市で「復興祈願土俵入り」。白鵬ら3横綱が土俵入りを披露
30日〈福島〉除染廃棄物を保管する「中間貯蔵施設」の受け入れを県が正式決定
31日〈福島〉原発事故避難者向けの災害公営住宅が完成、翌9月1日から入居スタート

# 震災遺構

## 記憶と教訓を未来へ

津波で宮城県気仙沼市の陸上に打ち上げられた大型漁船「第十八共徳丸」。津波の威力を伝えるモニュメントとして多くの人々が訪ねた。2013年9月9日に解体

「保存」を表明した岩手県宮古市の「たろう観光ホテル」。記憶を語り継ぐ取り組みもスタート

宮城県石巻市の旧大川小学校。市の検討委員会で審議が進められている

岩手県大槌町の旧役場庁舎。議会議場などがあった正面中央部は「保存」へ

「震災遺構」は、あの日の辛《つら》い記憶をとどめる〝負の遺産〟だ。「見るのも嫌」。そう言って、早期の解体・撤去を求める遺族ら被災者の痛切な思いを軽視することは許されない。

だが、〝負の遺産〟はそのまま、震災の痕跡を生々しく残す「生きた教科書」でもあることは事実だ。風化に抗《あらが》い、記憶と教訓を後世に伝え

宮城県南三陸町の旧防災対策庁舎。「保存」「解体」の意見が拮抗する中、結論は持ちこされている

ゆくための象徴的な存在であることを無視するわけにもいかない。鎮魂と慰霊、防災教育、観光、さらには学術的価値やまちづくりなどの視点から保存を訴える声も少なくない。

思えば、世界遺産として今に形をとどめる広島の原爆ドームも、すんなりと保存が決まったわけではなかった。「残すべき」「いや、壊すべき」との意見が拮抗《きっこう》、対立する中、結論は先送りされ続け、保存が正式決定したのは戦後20年が過ぎてからのこと。地元の子どもたちによる募金活動がきっかけとなった。

そのことを思えば、震災遺構の議論は緒に就いたばかり。納得の結論が得られるまで先延ばし続けることも、一つの選択肢であることを確認しておきたい。そこから予期せぬ〝最善の策〟が見つかるかもしれないからだ。

2013・9・8

# おわりに

公明新聞に連載された記事を一冊の本にまとめるにあたり、私たち取材班は改めてお一人お一人と連絡を取りました。本にすることの許可・承諾をいただくためでもありましたが、それ以上に、〝それからの日々〟をどう過ごしてこられたか、今どうしておられるかをお伺いしたかったからです。

以前に取材させていただいた時と同様、皆さんは「3・11」という過酷な運命を背負いながら、それでも「今、この時」を懸命に生きておられました。

相馬市の阿部洋子さんは、今は亡き愛息のおもかげを二人の孫に重ね合わせ、その成長の日々を見守るのが何よりの楽しみと語っておられました。広島市の加藤りつこさんは、以前にも増してボランティア活動に懸命のようです。女川町にはその後も、高校生となった若アユたちの手で〈いのちの石碑〉が建てられ続けています。

もちろん、ご家族や友人を失った悲しみの深さは、その人にしか分からないのかもしれません。私たちは、ただ、推《お》し量《はか》ることしかできません。その意味では、本書で紹介した「命の記録」が、どこまで皆さんの心情を言い表すことができているのか――。出来上がりつつある本を読み返しながら、そんなことに思いを巡らしています。

もう一つ、再取材を通して改めて痛感したことがあります。できることなら忘れてしまいたいに違いない「あの日の記憶」を、掘り返すことの酷《むご》さです。涙を交え、声を詰まらせ、皆さんは懸命にあの日を辿《たど》られていました。どんなに辛かったことでしょう。「もうこの辺で……」と話を中断し、後日、「続きを」と電話をくださった人もいました。

皆さんが能《あた》う限り、記憶をさらけ出してくださったのは何故だったのでしょう。「教訓を伝えたい。いや、伝えねば」との崇高な精神の故だったに違いないと、私は思っています。皆さんは異口同音に語られました。「生き残った者の使命だから」「逝ってしまった者の生きた証を残すために」と。私たちは深い感動を禁じ得ませんでした。

その気高く、真っ直ぐな皆さんの心をわが心として、これからも一段と取材を続けていきたい。東北復興に向けて伴走していきたい。私たちは心の底からそう決意しています。

本書の出版に際しては、多くの人にお世話になりました。編集に携わった小此木律子さん、版元の鳳書院の皆さんに、心より御礼申し上げます。

なお最後になりますが、本書の表紙を飾る「命みつめて」の文字は、震災当日、南三陸町の防災対策庁舎に残り、最後まで住民に避難を叫び続けて逝かれた三浦毅さんの夫人、ひろみさん（本書27ページ）の筆によるものであることを、書き留めておきます。

２０１４年9月11日　仙台にて

峠淳次

東日本大震災　命みつめて
あの日から今、そして未来へ

2014年11月17日　初版第1刷発行

編　者　公明新聞　東日本大震災取材班
発行者　大島光明
発行所　株式会社　鳳書院
〒101-0061 東京都千代田区三崎町 2-8-12
電話番号　03-3264-3168（代表）
印刷・製本所　藤原印刷株式会社

Printed in Japan 2014
ISBN978-4-87122-182-5
落丁・乱丁本はお取り替えいたします。小社営業部宛お送りください。
送料は当社で負担いたします。